A SOLDIER'S JOURNEY HOME

IL RITORNO DEL SOLDATO

EDVINO RASENI

Introduction, Epilogue, and Translation by
MARIA XENIA WELLS

HIPE BOOKS PUBLISHING

... the broom flowers were in bloom at the time, yellow against the gray rocks and the blue sea on our right.

We came in sight of the Castle of Miramar, standing majestically on the promontory. I was almost home.

... le ginestre erano in fiore in quel momento, gialle contro il grigio delle rocce e l'azzurro del mare alla nostra destra.

Arrivammo in vista del Castello di Miramar, che si erge maestoso sul promontorio. Ero quasi a casa.

CONTENTS ~ CONTENUTI

A SOLDIER'S JOURNEY HOME
March 27th, 1945 to May 5th, 1945

IMAGES
Immagini

IL RITORNO DEL SOLDATO
27 marzo 1945 al 5 maggio 1945

To my family, in memory of Uncle Edi

Alla mia famiglia, in memoria di zio Edi

— MARIA XENIA WELLS

LIBERATION OF STALAG XII A
LIBERAZIONE DI STALAG XII A

This photograph was taken in 1945, most likely the day after Edvino Raseni walked out of Stalag XII A, a prisoner of war camp near Leimen, Germany.

Questa fotografia è stata scattata nel 1945, molto probabilmente il giorno dopo che Edvino Raseni uscì dallo Stalag XII A, un campo di prigionia vicino a Leimen, in Germania.

Entrance to Stalag XII A liberated by the Americans, a jeep enters, 1945 Germany.
Ingresso allo Stalag XII A liberato dagli americani, entra una jeep, 1945 Germania.
Keystone-France\Gamma-Rapho via Getty Images

MAP OF EDVINO RASENI'S JOURNEY HOME

MAPPA DEL VIAGGIO VERSO CASA DI EDVINO RASENI

This modern map approximates Edvino Raseni's route, from Leimen, Germany to his home in Trieste, Italy, based on his diary entries. He walked for most of his journey except for a couple of short train trips and, at the end, a ride with a British soldier from Monfalcone to Trieste. In all, he traveled over 560 miles to reach home.

Questa mappa mostra il percorso di Edvino Raseni da Leimen, in Germania, alla sua casa a Trieste, come descritto nel suo diario. Camminó per la maggior parte del percorso, ad eccezione di un paio di brevi viaggi in treno e, alla fine, un passaggio con un soldato inglese da Monfalcone a Trieste. In tutto percorse 560 miglia (900 km) per il ritorno a casa.

Map data/dati cartografici copyright 2023 Google, GeoBasis-DE/BKG (copyright 2009)

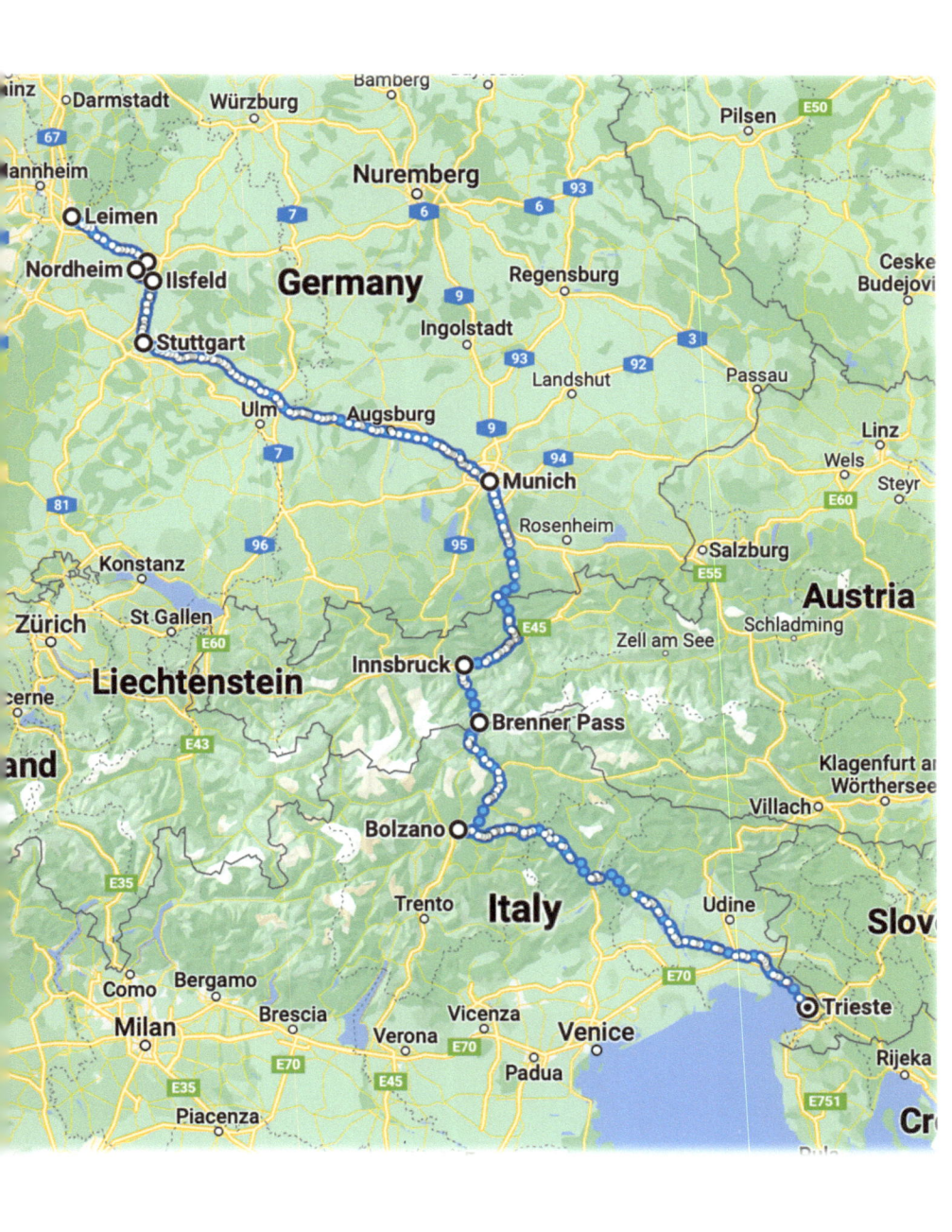

A SOLDIER'S JOURNEY HOME

MARCH 27TH, 1945 TO MAY 5TH, 1945

INTRODUCTION

MARIA XENIA WELLS

On September 8th, 1943 the Italian King Victor Emanuel III signed the Armistice of Cassibile (Sicily) with the Allied Commanders and ordered his troops to end hostilities on all fronts. The King removed his Government to the South of Italy which was already occupied by the Allies. High Officers of the Army followed the King.

All over Northern Italy the guards opened the gates of all military installations, to allow men to escape as best as they could before the Germans arrived. Shortly afterwards the Germans did arrive, SS Divisions and the Wehrmacht, and occupied all of Northern Italy.

The Italian Army, deprived of most of their commanders, disbanded in total disarray. They abandoned the barracks and the outposts and headed for the mountains and villages. Some escaped the Germans and formed Partisan Groups, the nucleus of the Resistance. Some were killed and many were taken prisoners and sent to German labor camps.

Corporal-Major Edvino Raseni, my uncle, would spend months in the mountains with the Italian Partisans, until he was captured by the Germans in June 1944, and sent to a labor camp in Leimen, near Heidelberg, Germany.

He survived, and on March 27, 1945 he started his journey home.

3

He and three friends left the POW, STALAG XII A without a problem as the Germans had retreated and left the Camp. The American troops arrived in the camp the day after as they had occupied most of East Germany by that time. But the war continued, with frequent battles, and air raids by the American Flying Fortresses, making their journey more difficult and dangerous.

This is his account of that long, perilous trek, taken from a diary he kept, as he marched on from town to town and village, through Germany, Austria and, finally, Italy.

He arrived in Trieste, our hometown, on May 5th, just three days after General Sir Bernard Freyberg of the New Zealand 2nd Division had entered the city and accepted the surrender from the German General, Heinrich Von Vietinghoff, the Commander of the Wehrmacht. He signed the surrender to the New Zealander General, thus ending all hostilities.

The last part of the Diary is a verbal report that my uncle added when he gave me the diary. He told me that in the last weeks of his journey there was no time for writing as they were constantly caught in the fighting between the Germans still resisting and the American troops trying to move East, and jumping off trains or trucks when hit by an air raid.

By the time he reached Trieste and home, he was relieved to see his home still standing and to learn that his family was safe and to know that the other soldiers in the family were on their way home.

LEIMEN – 27 marzo 1945 – martedì ore 16

Dopo 9 mesi di permanenza a Leimen (duro lavoro in una fabbrica di cemento) fra qualche ora farò una fuga quasi... legale assieme ai compagni di sventura Rocco Micozzi di Torino, Aldo Ferrarese di Terea e Arrigo Di Salvatore di Artono dei Marsi (Aquila). Il nostro unico maresciallo Ubaldo Urbano di Napoli abbiamo dovuto abbandonarlo, con grande rincrescimento, in quanto alcuni giorni or sono si era fratturato, lavorando in ferrovia, un dito del piede per cui non è in condizioni di camminare. – Il tempo è leggermente piovoso e la meta è sconquita benché al Consolato Italiano di HEIDELBERG ci siamo procurati, con raggiri, di una autorizzazione per recarsi a INNSBRUCK. Abbiamo oltre alle tessere alimentari per cinque giorni, una ottima scorta di viveri ed in special modo gallettine e tabacco, acquistati... ieri giorno prima in un magazzino militare.... aperto al pubblico.

Coraggio e avanti, il morale è alto e la salute è buona. –

LEIMEN

TUESDAY 27 MARCH 1945

*A*fter nine months of hard labor at the cement factory in Leimen, in a few hours, I will escape, under the appearances of a legitimate leave, with three friends and faithful companions: Rocco Micozzi of Torino, Aldo Ferrarese of Ivrea and Arrigo Di Salvatore of Ortono dei Marsi (Aquilea). Our warrant-officer, Ubaldo Urbano of Napoli, will have to stay behind, to our great regret, because just a few days ago he had broken his toe while working on the railroad, and he is in no shape to walk.

There is a light rain, and we are not sure of our destination, although at the Italian Consulate of Hidelberg we were able to obtain, with some trickery, an authorization to go to Innsbruck (Austria).

We have food coupons for five days, a good supply of food and cigarettes, that we bought the day before at the military store which was open to the public.

We start off with courage, good morale and in good health.

At 5:15 p.m. after having bid an emotional farewell to our companions, we leave the "Zement Werk" and having crossed the road, at a run, we take to the woods. Each of us carries a very heavy backpack.

We marched for about two hours in the forest under a steady rain.

A German soldier gave us some directions.

When darkness fell we camped in a wooden shed near an army camp, to spend the night.

If God and good fortune will assist us, I think this will be a good journey, a journey of freedom, a journey home.

ON OUR WAY

WEDNESDAY 28 MARCH 1945

*W*e spent a very bad night. It was very cold, the weather is bad, it is still raining and foggy. The lack of a map of the region, a compass and a watch worries us a great deal.

After marching for a couple of hours, still in the forest, we stop in a small village and eat some lunch (100 grams of salami, 250 grams of bread). We make slow progress and after having passed Shapfen-hausen, we proceed to Neckargemünd. This is the only village whose position I recognize since it has good street and location signs. Our morale is a bit low because we feel disoriented without road maps. We stop again and eat some raw turnips and crackers. Towards 11:00 p.m. we meet, to our great surprise, our friend Pasinetti, who is marching in the opposite direction . . . he joins us and we proceed on our way. We see a group of refugees of all nationalities. We are heading for the town of Zuzenhausen. We stop at the village of Mecherheim.

Salvatore has gathered some vegetables for our dinner. We look in vain for a place to spend the night. We continue to march towards Zuzenhausen, still looking for shelter.

ZUZENHAUSEN

THURSDAY 29 MARCH 1945

We spent a good night in a hayloft. At 9:30 a.m. we leave the village after having bought some tobacco and a good road map. We stop for lunch. Pasinetti leaves us and will meet us again at Sinsheim. The weather is totally unfavorable, it is raining hard.

We pass Sinsheim and walk on. At a checkpoint our papers are found to be in order. At Steinfust we stop and we find a hayloft for the night. We eat some salami and reorganize our packs. A lady gives us some potatoes. Pasinetti does not agree on our route and so we leave him. A very kind lady gives us a big bowl of potatoes with lard and onions. We eat our potatoes, bread and marmalade and drink some unfermented wine and go to sleep on the hay.

STEINFUST

FRIDAY 30 MARCH 1945, 7:00 A.M.

After a good night's sleep, we are undecided if we should continue our march, due to the bad weather conditions. A lady gives us some more potatoes, we eat and decide to leave. Just outside the village an SS Sergeant, with brusque manners, takes away our canteens. We feel demoralized about this.

We continue to march and after a while we stop in the forest and get rid of some things we feel we don't need, to lighten our load. We eat some crackers with butter and cheese while marching on and we reach the village of Kirchardt. Anxiously we search for shelter. Sometimes we are mortified by the refusals of assistance. Finally we are given shelter at the Bauerfuhrer's, the manager of the farm.

We are offered a dinner of mashed potatoes and a good fresh milk soup with sugar and cookies.

KIRCHARDT

SATURDAY 31 MARCH 1945

The night is cold but clear. We are awakened at 4:00 a.m. because a military truck is coming. We quickly leave.

We are surprised by airplanes flying in formation at a low level. We delay our departure until all is clear. At 9:00 a.m. we resume our march towards an unknown destiny.

Along the road we meet an Italian soldier who tells us that many of our soldiers have been stopped and made to work on some fortifications. A German soldier stops us, but only to give us some tobacco. Quite often we have to jump into holes in the ground to avoid the numerous bombardment and constant machine-guns attack.

We gather some potatoes in the fields, always dodging being hit by the bombs and shells. We cook our potatoes, still under the threat of fire.

We proceed and we pass a check point at Zurfeld. We stop at Baufeld, where we are able to buy some pasta and we look for shelter. We have difficulty in finding any. We hear two tremendous explosions and we see very high flames, of unknown cause, at least to us. Our morale is very low. We sleep badly, in the cold.

BIBERACH

EASTER SUNDAY 1ST APRIL 1945

*I*t is Easter, but our luck seems to have run out. After a very bad night, we get up, cold and stiff, and we start out. We reach Biberach and we stop at the outskirts of the village. We eat some sugar, butter and crackers. We find some potatoes and we make a wonderful soup with potatoes, peas and flour. We build a shelter for the night with some haystacks. We eat some bread and butter. As we walk about the town in the evening an innkeeper offers us some bread and meat. We are very comfortable in our shelter, but we are awakened at 11:00 p.m. and told to leave because the military was going to explode some ammunition. It was a good thing they knew where we were, otherwise we would have come to a bad end.

BIBERACH/HEILBRONN

MONDAY 2 APRIL 1945

*A*fter this dangerous night we leave the village. The front is very close.

We reach Heilbronn and we go to the Italian Consulate to bring up to date De Salvatore's documents. The consul advises us against remaining in Heilbronn since the situation there is precarious.

We continue our march eating some crackers and sugar. We reach a village, but we can't see a road sign with the name. We find shelter for the night and we learn the amazing news that the Americans have occupied Heilbronn. We eat some crackers with butter and sugar.

We meet some Russians and they generously give us a dinner of bread, milk and honey.

LOCATION UNKNOWN

TUESDAY 3 APRIL 1945

We have bread and milk for breakfast. It is raining. We were hoping to stay put in a farm and wait for the Americans, but the owner rudely tells us to leave. We find shelter in a hayloft a little way out of the village. After our usual dinner of potato soup, we go to sleep. We hear that the Americans are very close and that some battalions of German soldiers are hurriedly building some defense lines.

ON THE WAY TO NORDHEIM

WEDNESDAY 4 APRIL 1945

The fire of the American artillery is very close. A large contingent of German troops in the area prompt us to leave and find shelter elsewhere. We find a cave above the river Neckar. We are short of food. Some Russian women come to take shelter in the cave and inform us that the SS are arresting all the foreigners in the village. We fix our usual soup and decide on the next move. We need to abandon this shelter which is too visible, and we go on to Nordheim. All is quiet there and we go to the train station cafe where we drink some good wine. Some German soldiers appear and take us to a site to build a trench against the advancing armored cars. I get sick with all that wine, and my soup meets a bad end.

We find shelter for the night in a barn near by.

NORDHEIM

THURSDAY 5 APRIL 1945

The shells of the American artillery are falling very close to where we are. Around 2:00 p.m. the situation gets more dangerous. The lady who had let us use the barn is very frightened, and tells us that she is going to find shelter elsewhere but that we could stay at her place, if we wanted to.

We learn that eleven American armored cars are at the entrance of the village. We are very pleased with this piece of news and decide to take our chances and remain in the barn. The situation gets worse every minute: grenades explode a few meters away, the barn is shaken and filled with debris, dust and chicken feathers: the nearby chicken coop had been hit.

We decide to attempt an exit. We run through the village, which is in flames, under a constant bombardment, looking for a safer place. The private shelters refuse us entry. Frightened, we leave the village and hide in a small, low valley. The intense battle rages on. Shells with color trajectory light the sky in all directions. Towards dawn, still under fire, two German officers force us out and tell us to move some bicycles! We decide to get out of that hell and we go in the direction of Lauffen.

When we are finally out of reach of the artillery and we were looking for some potatoes, we see right in front of us, some German soldiers who were crawling out of some trenches only to throw themselves into the next trench. Surprise and fear on our part, but nothing happens. We realize that we were calmly looking for potatoes right between the American and German lines!

We reach a mountain hut near Lauffen. The grenades keep hissing above our heads. A German officer asks me for information on the present situation, confessing that he was just waiting for the best moment to surrender.

The grenades are blowing up closer and closer and we want to turn back, but we end up, again, in the midst of the German front lines. A French soldier tells us to go to Lauffen at the "Zement Werk" where there are other Italians. Frightened, we cross the ruins of the city and, more frightened, we cross a bridge, a target of the American artillery.

Before even reaching the factory another low flight formation comes in, shelling everything in sight, compelling us to find a public shelter. Once again, we are asked to leave.

Finally, at the factory, we do not find a better welcome by our Italian compatriots, maybe because they are in a similar situation. The planes keep flying overhead. We are worried because we have run out of food, and we have only some food coupons left.

We talk about what to do next and we decide to make contact with the Americans at another time, get out of this inferno as quickly as possible and head East. Just before taking off, a charge of bombs and artillery, blowing up a few meters from us, give us the last farewell from this very sad town of Lauffen.

Finally, after a day of such unpleasant and intense adventures, our calm and faith in our future is restored, even though we are tired and hungry. We walk fast to get away from the battle field and we go in the direction of Ilsfeld.

We eat some raw turnips and the last packet of crackers. But Providence does not abandon us. We find some potatoes before entering the village and we make the usual soup of potatoes, peas and pasta. In Ilsfeld we find a very good place to stay and we buy some very good butter, cheese and other things. Finally, after such a bad day we gratefully go to sleep thanking God for his help.

ILSFELD

FRIDAY 6 APRIL 1945

After a good night's sleep, I go with Micozzi to the Town Hall, where, to our great relief, they give us some more food coupons. We are all right, for a while. Some women give us bread and apples. We continue on our march. In Baufeld we buy some bread. We look for a quiet place in the woods with a stream and we cook a large portion of potato soup. We stay there, cooking and eating, for five hours, I am almost ashamed to say . . . We eat more bread with ricotta and cheese, butter and sugar. We also fry some very good snails. The morning rain continues, incessantly. We set out again.

In Kleinbach we find a place to stay in a hayloft where we meet some Italian soldiers in the service of the Wehrmacht. They give us some food, bread, lard, tobacco.

KLEINBACH

SATURDAY 7 APRIL 1945

*A*fter a good night's rest, we bid farewell to the Italian soldiers. We eat some potatoes, drink some coffee and set out for Backnang.

We stop to eat some lunch and we go into town. We buy a few things then we go on to the next town. We can still hear cannon fire, but just barely. Before entering the village we stop for our usual meal and then we proceed towards Allenerbach.

We find another hospitable Bauerfuhrer who feeds us soup, bread with lard and wine. We help him with some work on the farm then we settle for the night in the barn, in the company of the cows.

ALLENERBACH

SUNDAY 8 APRIL

The cows, their tails swishing, caressing us incessantly, have disturbed our sleep.

Before we take off, the farmer gives us very good coffee with milk, and some bread. We find the path into the forest.

The day is beautiful, cold and resplendent with sunshine.

We walk slowly on the lovely forest path. The panorama is splendid. This majestic mountain peacefulness is taking us further away from the war zone. We stop for our usual lunch. We have quite a way to go to find a place to spend the rest of the day and the night. It is Sunday and we want to dedicate this day to resting and cleaning up. We find a spot in a small valley where we camp. We make an inventory of our rather poor possessions and we clean ourselves up. Only some planes, flying overhead, disturb our peace. We cook our meal and we eat. Towards evening we start out again.

At Radersburg we stop in a small inn and we drink some wine.

In a small village we find a place to stay at the house of the German representative of the Nazi party.

OBERDORF

MONDAY 9 APRIL 1945

*W*e spent a very good night. The clear morning promises a day full of sunshine. We get up early and we have a good breakfast of potatoes and coffee, kindly offered by the . . . Nazi representative.

We cross a splendid forest and we reach Negeheim. We buy some bread, salami and potatoes and we have a good lunch.

On the road, we are stopped by some SS Officers and the police who want to check our documents. Our pockets are filled with permits and documents of all kinds from the Italian Consulates in Germany, so they let us pass through the check point. We continue towards Schorndorf. At night we stop in a village where we find good hospitality at the house of the mayor who also gives us some salami and wine.

SCHORNDORF

TUESDAY 10 APRIL 1945

*A*fter a good night sleep, we are given a good breakfast and the good news that a new regulation allows all foreign workers to remain in the country even though the enemies are advancing. We are satisfied with this development because it means that we won't be deported to another location, as the enemy advances.

At the next village we are given some food coupons. We buy pasta and butter. We have a good lunch and we discuss the next move. I want to proceed to Innsbruck (Austria) where we might find some trains for Italy, but my companions want to wait for the American troops. We decide to continue towards Stuttgart, to see what the situation is there, and beyond.

We cannot find any place to sleep other than forcing the door of a barn. In the morning we leave at dawn, for fear of being shot by the owner of the farm.

TOWARDS STUTTGART

WEDNESDAY 11 APRIL 1945

*A*fter a couple of hours we camp in a valley to spend the day.
We decide to make these frequent stops in order to wait
for further development of the situation and then decide if it is better
to wait for the Anglo-American troops or proceed in the direction of
Italy.

The day is beautiful and shows signs of an early spring. I go to the
village to get some potatoes and we cook a good lunch of mashed
potatoes, salami and bread. As we lay out in the sun we observe many
bomber formations that are giving the last blow to unfortunate
Germany. We feel the solemnity of the moment, but we continue to
cook the pasta that we just bought with our coupons. Given the
circumstances, the act of preparing our food assumes the importance
of a sacred rite. We find a shelter for the night in an unguarded
hayloft . . . *(following line is illegibile)*

TOWARDS STUTTGART

THURSDAY 12 APRIL 1945

*I*t is raining and cold, but we move on. We are still very undecided which way to go. The German newspaper gives us encouraging news about the Allied troop movements. A policemen advises us to go towards Ulm, by foot of course, because there are no trains.

We stop in a village, I don't know the name of this one, there are no road signs, where some people tell us where to go to get more food coupons. We have to go on to the next village, Waiblingen, which is connected by bus. So at least we save ourselves 11 Km of walking! In Waiblingen we meet more Italians who tell us that many Italians have found hospitality in this village. We find a train for Stuttgart.

STUTTGART

FRIDAY 13 APRIL 1945

We spend the whole day on the train, under constant bombardment. The train stops and we get off for the night.

We get back on the train at dawn, and we continue our journey, skipping Stuttgart which is being bombed.

TOWARDS MUNICH

SATURDAY 14 APRIL 1945

At 10:30 a.m. we arrive at Augsburg. There is a train for Munich that will depart, we hope, around 7:10 p.m. We buy all we can with the coupons we have left and we find a place, at the edge of town, where we can cook our pasta. We have a good meal and afterwards we abandon our faithful plates and canteens because we don't think we will need to cook in the woods anymore.

We do leave at 7:10 p.m. for Munich. But when we get there, we are told that the train for Innsbruck would leave from Pessing, not Munich. So, back to Pessing we go. We eat our lunch there of bread, butter and salami, and sugar.

PESSING

SUNDAY 15 APRIL 1945

*W*hile we wait for the train to take us to Innsbruck, the air raid alert sounds. We wait for the all clear and get on the train for Innsbruck at 3:00 a.m. We don't leave until 5:00 a.m.!

On the way we see the magnificent spectacle of the Alps.

We have to get off the train 18 km. before Innsbruck because the train track is torn up. We walk to a village that is completely destroyed. We get on another train. Another air raid causes the train to stop, in a tunnel, for a couple of hours. At least we can eat our lunch in peace and safety. We eat our bread, salami, butter and sugar.

Finally we arrive in Innsbruck. There is total chaos in the station. We don't quite know what to do. We are told to go to the German Headquarters, which is guarded by an armed policeman. We don't trust this situation, nor the policeman. We are afraid that they will make us stay there. After all our adventures and fears we are afraid that they will not let us proceed to Italy after all. We try a run for the station: nothing doing, we must wait until the next morning at 8:30 to put ourselves on a list to be allowed to continue to Italy.

We get back to the Headquarters, to clean up and eat some breakfast. We take a walk among the ruins of Innsbruck.

In the hall where we spend the night, violin and guitar players keep us cheerful for an hour. Someone is telling jokes about his adventures.

INNSBRUCK

MONDAY 16 APRIL 1945

*I*n the morning we are very anxious about the time of departure.

We don't have much left to eat.

They call the assembly. Those with regular documents are directed to the right, the others to the left. We go to the right. To our great disappointment the officials declare that our documents are not in order and tell us to go to the end of the long line, on the left.

They start calling names from the list. And here we receive an unpleasant jolt, like a cold shower. Some Germans dressed in civilian clothes come into the courtyard and begin to round up men for some work projects.

A great confusion follows, we try to escape with a number of people, but in the end, we have to leave the place and follow the guards. Outside some trucks are ready to take the recruits away. Somehow we manage to let the trucks leave without us, but we are pushed back into a column formation, along with some other hundred people and, escorted by German soldiers, we move towards an unknown destination. The Germans are shouting: some men are running away.

After a few steps, in the general confusion my friends and I escape towards a ruined house and hide in a doorway. We spend some moments in great fear of being caught but nothing happens. We come out and very calmly go back to the courtyard, pretending that we have just arrived. The German civilians come back to protest that out of the hundreds Italian taken, only forty have arrived at the place of work. They start calling names again and we are trembling with fear.

We try to get in a line where, they say, we can exchange some money, our German marks for some Italian Liras. But this proves to be impossible and we have to wait until we cross the border to make this exchange.

Finally, the long column starts for the station.

Holding on to our backpacks, we board the train, and at 8:00 p.m. we leave Innsbruck. On the train we sing. We are finally going home, to Italy. Another scare: at a few kilometers before the Brenner Pass, at the border, the train stops and all the Italians are made to get off. The train is not moving, we start marching toward the border and no one stops us. The situation seems to be getting better. We wait for a few hours and finally the bar is lifted and we cross into Italy. At the border office we exchange our marks for Italian currency, and find something to eat.

THE BRENNER PASS

TUESDAY 17 APRIL 1945

We find a train and it is very crowded. We get on, without knowing in which direction we will be going. We have to stop in a forest during an air raid. Bombs fall all around us. We get off the train and we walk a long way to get to another location, 18 kilometers before Bolzano, where we find another train. We have divided some of our meager possessions and food stuff among us, then we get on the crowded train that should take us to Bolzano. When we get there it is time to take our leave: Micozzi and Ferrarese get on a truck that will take them, hopefully, west, towards Torino. We are taken aback, surprised, by the cold reception we get in our own country. Di Salvatore and I share a meal and then he too leaves, heading south. I go to a check point, hoping to find a means of transportation, but to no avail. I fall asleep on the side of the road.

BOLZANO

WEDNESDAY 18 APRIL 1945

A new found friend wakes me up and we go together to the Italian Red Cross building. I find a corner where I can sleep, on the floor. To me, it is like a featherbed. I am back in Italy and I am heading home, to Trieste. When I wake up, at 7:00 a.m., I go back to the check point to inquire about possible transportation. No luck this time, either.

At least I find a decent place to eat and I have a too familiar meal of soup, bread and apples. Since there is no transportation to be found I go back inside the building and fall asleep.

I am alone now, with my backpack and canteen. I go to a German tobacco shop and the man gives me a loaf of bread. I begin to tell him my story. There is a movement at the road block so I leave and inquire about a way to get on my way east.

There are trucks leaving for Milano and Verona, but none are going East. Maybe tomorrow. I seem to be the only one wanting to go east. I am beginning to wonder if there is any trouble in that direction.

I go back to the Italian Red Cross to eat and spend the night.

AFTER THE DIARY ENDS

AN ORAL HISTORY

ere the diary ends. The rest of the story is an oral account that my uncle related to me many years later, when he gave me this diary.

19 APRIL 1945. I was happy to have reached Bolzano but now it seemed that I could not find a way to leave unless I started walking again. After two days of waiting for transport that is exactly what I did. I had very little food left, there were no more food coupons to be found, everything seemed to have come to a stop, waiting for the final outcome, the last battle.

It took me three days to reach Trento, through forest paths and small villages. I had to avoid the railroad because it was still being bombed. On the 21 of April I reached Trento, exhausted and hungry. I found shelter in a church and the priest there gave me some food and a shirt. My clothes were reduced to rags, and my boots had holes and no laces. I spent two nights in a barn near the church, and on the 23rd, the priest came to tell me that there was a train leaving for Belluno and Treviso. Some German battalions were still putting up a resistance. Coming from the north, they were advancing towards the Allied Army coming in a north-east direction, towards the river Piave, where a battle was being fought between the German and the Yugoslavian Armies that had been advancing from the east.

On April 25, just before reaching the Piave, the train stopped and I got off. I did not know whom I had to fear most: the Germans, the Yugoslavs, or the Allied air-raids and bombing, aiming to destroy the last resistance.

I crossed the river Piave in strange company, a German Army Division who was going to surrender to the Allies. Finally they identified for me these Allied troops of which I had heard about off and on: they were the 2nd Armored Division of the New Zealand Battalion advancing towards Monfalcone. I also learned that in Trieste the Germans were engaged in a final battle against the advancing Yugoslavian troops in order to wait for the arrival of the New Zealanders so they could surrender to them. Now another worry was added to my hunger and exhaustion: what had happened to my family? It was a long time since the last letters from home and this last piece of news did not reassure me one bit.

The Germans continued to surprise me. They shared the little food they had. There we were, cooking potatoes again! The woods looked the same as everywhere, but we were by the river Piave, very close to Trieste. It was a strange situation, being with these Germans and not having to fear them anymore, but all had changed. They were anxious to surrender and get away from these places, and I wanted to reach home.

We could hear some cannons being fired near Treviso and it seemed to all of us that there was an absurdity in this situation. Why was anybody resisting? We were all anxious for this miserable time to be over.

Another surreal night by the river. The fog had risen from the river and enveloped the forest. I had no food with me. I had to survive on what I could find and on the kindness of the people I met along the way.

The Germans proceeded to the front lines, to meet the Allied troops. I found an Italian truck that was going to Mestre, to join the New Zealander Division.

On the 29 of April we stopped in Mestre. I took refuge outside the city in a small farm where some good people gave me milk and bread. There was nothing to buy, nothing to gather in the devastated fields. I spent the next two nights with the farmer, helping, as best as I could, to repair the roof of his small house. The farmer made some potato bread with mashed potatoes, milk, flour and eggs. He had kept the farm going because both the Italian and German troops needed some food. He said that we could not eat the chicken because the meat would give us only one meal while the eggs would last longer. That made sense!

I decided to stay put until the Allies had reached Trieste. Some neighbors, hiding in the farmer's cellar, were listening to Radio London and kept us informed on the advance of the New Zealand Division. Some Germans who had escaped the Yugoslavian Army in the hills above Trieste told us that the German Commanders were waiting for the New Zealand Army to arrive in Trieste. By now I was so exhausted that I could not afford to walk another mile into an uncertain situation. Thinking about my family I grew more and more apprehensive. Trieste had been heavily bombed, and now there was a battle going on there, in a triangle of fire, with the Germans, the Yugoslavs and the Allies.

Finally, on the 2nd of May we heard that the New Zealand 2nd Armored Division and the 12th British Lancers had entered Trieste. From the last outposts, in three different parts of the city, the Germans had surrendered to the troops of General Bernard Freyberg. Now I could press my luck and find my way home.

A soldier on an Italian Red Cross truck gave me a ride to Monfalcone where I had to stop and stay until he was ready to go on, to his next assignment. We had met other Italian soldiers coming, like me, from Germany. We all waited two more days but at least we were sheltered in a school and were given some food.

I don't remember what I ate during those last few days, except for one thing: a large jar of orange marmalade that a British soldier gave me, and some crackers. He was in charge of delivering food and supplies to the Italian Red Cross. I told him that the orange marmalade was great but, could he give me a ride to Trieste? He said he needed to get permission to give a ride on a military vehicle. The next day, the 5th of May, he came back and told me to get in the jeep. That was the most beautiful ride to Trieste I ever took.

The broom flowers were in bloom at the time, yellow against the gray rocks and the blue sea on our right.

We came in sight of the castle of Miramare, standing majestically on the promontory. I was almost home.

I told the soldier where to stop and I got off.

I started walking towards my neighborhood looking at the houses, still standing. I thought about the rest of my family, living in other parts of town and wondered if they were safe. And my mother, my sisters and the children, had they all survived? These were my thoughts as I walked slowly towards home. I still had my backpack and my canteen. Inside the backpack were my documents, my diary and the jar of orange marmalade. I would never part with it!

I reached home, climbed the two flights of stairs with an unbearable sense of joy and fear all at the same time. I did not know what to expect. But when I rung the bell I got the biggest surprise of my life. There was my mother, looking at me and asking me, kindly:

"What can I do for you?" She had not recognized me! I had not realized the state I was in.

But I was home and life could begin again.

EPILOGUE

MARIA XENIA WELLS

In September 1945, Edvino Raseni, after having been honorably discharged from the Army, was hired by the Prefecture, the City and Provincial Government of Trieste, in the Finance and Budget Office.

For the first few years he also worked with the Committee in charge of assisting the refugees who had fled the Communist Regime in the coastal territory of Yugoslavia, which had been conceded to Marshal Tito Government in exchange for keeping the city of Trieste in the neutral zone under the Allied Military Government.

This arrangement lasted until October 26th 1954, when Trieste was returned to the Central Italian Government, after an agreement was reached between the Allied Powers and Italy.

In 1963 he was appointed Vice-Director of the Province Electoral College, supervising the Provincial and City Elections.

In 1968 he was invested with the title of Cavalier of Labor, given to him in a formal ceremony, with the Diploma signed by the President of Italy Giuseppe Saragat and the Prime Minister Mariano Rumor.

He retired in 1979, with honors and appreciation for his long and successful career.

On August 31, 1947, he married Giorgina Fonda, a lovely, beautiful lady. Every year of their married life he wrote a pictorial diary in poetic form, describing their life with love and humor. They led a brilliant social life, with receptions, formal balls, dinner parties and family gatherings at his mother's home, a large house that welcomed all of us at every happy event. They loved the opera, and they often went to the Teatro Verdi in Trieste.

Giorgina was enamored with a great singer/composer of popular music, Domenico Modugno. They went to every one of his concerts, in every city in Italy. She had a very large collection of all the tickets, programs, posters, and his pictures at all the events. When he died, she sent her collection to Modugno's wife.

Not having children of their own, they were very close to the many nephews and nieces in Trieste, Milano and Austin, Texas.

He was a great help to me when my Mother needed assistance and I could not go to Trieste except for brief periods. He took care of all financial matters, until the day she died.

I owe him a great debt of gratitude, and he remains in my memory as a kind and exceptional man.

∼

Edvino Raseni
November 5, 1919 — December 23, 2001

ACKNOWLEDGMENTS

It all started with a conversation. I told Professor Wm. Roger Louis, of the University of Texas History Department about my uncle's war diary, an account of his long trek from his POW near Leimen to Trieste. He said it was a beautiful, moving story, and encouraged me to translate it and send it to a publisher.

Years later I finally did. I am very grateful to Professor Louis for starting me on this . . . literary voyage, of remembrance.

I want to thank my cousins in Italy, Lucia and Stella Giorgianni, and Dr. Eng. Giorgio Cappel, for information about my uncle's career in the Provincial and City Government after his return to Italy and for documents and pictures which are added to the book.

I also want to thank my daughter Sandra Kugler for reading both the English and Italian manuscripts. And thanks to my friend Patrizia Papi for her suggestions on some Italian expressions.

A heartfelt thank you to my publisher, Stephanie Kreml for her encouragement, help in the formatting of this book, and considerable technical skills.

I gave her a story, she made the book.

To all of you I am profoundly grateful.

Maria Xenia Wells

IMAGES

IMMAGINI

WORLD WAR II

LA SECONDA GUERRA MONDIALE

EDVINO RASENI IN UNIFORM

EDVINO RASENI IN UNIFORME

The date of this photograph is unknown, but on the back Edvino
scribbled a poem:

> *A look*
> *a smile*
> *a memory*
> *of a time*
> *sadder or happier*
> *a look*
> *a smile*
> *a memory*
> *of a sincere friendship*
> *Today's happy time*
> *remember*
> *Yesterday's happy time*

> *Trieste July 17, 1946*
> *Raseni Edi*

La data di questa fotografia è sconosciuta, ma sul retro Edvino ha
scarabocchiato una poesia:

> *Uno sguardo*
> *un sorriso*
> *un ricordo*
> *di un tempo*
> *più triste o più lieto*
> *uno sguardo*
> *un sorriso*
> *un ricordo*
> *d' un'amicizia sincera*
> *Il tempo felice di oggi*
> *rimembra*
> *Il tempo felice di ieri*

Trieste 17-7-1946
Raseni Edi

*Note: The pink ink in the upper left corner appears to have transferred from
another document at some point in time. We've left the image untouched.*

*Nota: l'inchiostro rosa nell'angolo in alto a sinistra sembra essere stato
trasferito da un altro documento. Abbiamo lasciato l'immagine intatta.*

Uno sguardo
un sorriso
un ricordo
d'un Tempo
sei triste o più lieto
uno sguardo
un sorriso
un ricordo
d'Una amicizia sincera
Il Tempo felice di oggi
rimembra
il Tempo felice di ieri.
Ts. 17 7 1946

Raseny Eg.

EDVINO WITH UNKNOWN SOLDIER

EDVINO CON SOLDATO SCONOSCIUTO

This photograph was likely taken sometime in 1942. We do not know who the other soldier is with him, and we do not know the location.

As with the previous photograph, Edvino scribbled something on the back, this time a menu:

5/7
    Broth with onion
    Pasta with mushrooms
    Green salad

5/8
    Rice in broth
    Boiled potatoes
    Green salad

5/9
    Semolina dumplings in broth
    Potatoes with [*illegible*] sauce
    Boiled peas with [*illegible*]

Questa fotografia è stata probabilmente scattata nel 1942. Non sappiamo chi sia l'altro soldato con lui e non conosciamo il luogo.

Come per la fotografia precedente, Edvino ha scarabocchiato qualcosa sul retro, questa volta un menu:

7-5
>   Brodo con cipolla
>   Pasta al fungo
>   Salata verde

8-5
>   Riso in brodo
>   Patate lesse
>   Salata verde

9-5
>   Gries in brodo
>   Patate con sugo [*illeggibile*]
>   Piselli in umido [*illeggibile*]

Menu di Pasqua

9-5 Brodo. Crostini d'Angh...
Pasta al sugo
Salata verde

9-5. Risotto ... brodo
Patate lesse
Salatti verde

9.5 ... in Brodo
Patate in ...
Piselli ... ...

10-5

1942

JANUARY 3, 1944 LETTER

LETTERA 3 GENNAIO 1944

Famiglia Anna Da Gian Alamanner
Valle di Cadore (Belluno)

*D*ear mother,
I am writing, always waiting to receive your good news as I have often written to you, I hope you have received at least one of my letter.

I am still very well and I do not lack for anything. I am always working in the office, keeping warm and I am doing quite well. We spent a very pleasant New Year, eating well, drinking and dancing. Everything would be really good if I could receive your news, reassuring me that you are doing well.

I will write again, as soon as possible. Give all our family my greetings.

Waiting to hear from you, I send you many kisses,

Edi

To send me your news please write to the above address.

Espresso

Signora

Lucia Rosen

Trieste   826

Via Valmartinaga 2

Anna De Gran Abamanni Valle di Cadore (Belluno)

3-1-1944

Cara mamma. –

Scrivo ancora sempre nell'attesa di ricevere tue buone notizie. – Come già tante volte ti ho scritto – e spero che almeno qualcuna avrai ricevuta – io sto sempre molto bene e non mi manca niente. – Io sono sempre in ufficio al solito e me la passo bene. – Abbiamo passato un bellissimo Capo d'anno mangiando bevendo e ballando. –

Tutto andrebbe molto bene se avessi notizie tranquillizzanti sul tuo conto. –

Ti scriverò tra breve appena possibile. –

Salutami tanto tutti quanti. e nell'attesa di ricevere una tua lettera tra breve ti bacio tanto

Per farmi avere tue notizie scrivi subito a:
Famiglia Anna Da Gian alamanni
Valle di Cadore
(Belluno)

OCTOBER 31, 1944 LETTER

LETTERA 31 OTTOBRE 1944

Leimen, Lager #1, near Heidelberg ~ vicino a Heidelberg

*D*ear mother,
    After more then a month of pause, I am writing to give you my latest news.

On 24 September 1944, as you have certainly learned , we have changed our status from prisoners to free workers.

This change greatly improved our life condition.

The work is not too heavy. I am also asked to act as interpreter for the head of the Lager for several hours a day.

Our food is, in general, sufficient, we have a supplement for heavy work (cement work) so we receive ½ kilo of bread a day, both white and dark, and 100 gr. of meat.

We have also received from Italy a kilo of rice and sugar.

Our lodging are very good, we are in a small village. Away from the air strike and this is a good thing,

The clothing situation is not good, as we do not have civilian clothes, at least for the moment. I do not know if we can receive clothes from Italy, please find out if it is possible.

Even though our living conditions here are fairly good, we miss very much our home and our family, and the feeling gets stronger every day.

It has been a long time since I have heard from you, your last letter was from 8-8, I hope you are al well.

I am allowed to write a letter every 15 days, and as many cards as I wish.

Waiting to hear from you, I will send some cards.

Write as soon as you can and please send some packages.

Please send my greetings to all of you, and many wishes for your birthday,

Many kisses,
Edi

Signora

Lucia Raseni

Trieste

V. Valmartinaga

ITALIEN

Raseni Edvino
Lager n° 1 - Limen
b. Heidelberg
Deutschland

Cara mamma

Dopo un intervallo di più di un mese ritorno a scriverti per darti mie buone ed ultime notizie. —

Il 24.9.44 siamo stati, come Antonino avrai saputo, trasformati da prigionieri in lavoratori liberi. — Naturalmente questa trasformazione ha migliorato sensibilmente il nostro regime di vita. —

Il lavoro, come prima, non è troppo grave; io faccio oltre il manovale anche interprete e Caposquadra e questi incarichi mi occupano parecchie ore della giornata.

Il mangiare in linea di massima è sufficiente. — Abbiamo oltre alla razione normale anche il supplemento lavori pesanti, cosicchè abbiamo tra pane bianco e nero circa 1/2 k. al giorno 100 gr. di carne al giorno ca. —

Oggi abbiamo inoltre ricevuto dall'Italia anche 1 kg. riso e 1 di ... —

L'alloggiamento è ottimo. — Noi siamo ritenuti in un piccolo paesino fuori dagli attacchi aerei ed è già una bella cosa. —

Sono ... ... le condizioni del vestiario. — Vestiti civili non se ne possano avere almeno per il momento

Io non so se è possibile averne
dall'Italia. — Ti prego di informarti
e provvedere in conformità. —
Nonostante le belle cose che più
sopra ti ho raccontato il desiderio
e la nostalgia della propria
casa è rimasto o forse maggio-
re di prima. —
È molto tempo che non ricevo
tue notizie; l'ultima è del 8.8. —
Spero comunque che stiate tutti
in buona salute. —
Io ora posso scrivere una lettera
ogni 15 giorni e cartoline a
volontà. — Perciò nell'attesa
della prossima lettera ti manderò
alcune cartoline. — Scrivimi
appena puoi e mi raccomando
i pacchi. —
Salutami tanto tutti i tanti
tanti auguri per la tua
festa. —

Tanti baci.

Edvino's Mother ~ Madre ~ Lucia Raseni

JANUARY 29, 1944 POSTCARD

29 GENNAIO 1944 CARTOLINA

*D*ear mother,

I have been without your news for a long time, and I am worried.
I am always doing well as I hope you all are.
Many greetings to all and many kisses to you

Edi

Postkarte

Straße, Hausnummer, Gebäudeteil, Stockwerk oder
Postschließfachnummer;
bei Untermietern auch Name des Vermieters

A
d

LEIMEN
b
30.1.45. 17
über
HEIDELBERG

DEUTSCHES REICH

Signora
Lucia Rasein
Trieste
V/ Valcantinaga

(1)

Straße, Hausnummer, Gebäudeteil, Stockwerk oder Postschließfach;
bei Untermietern auch Name des Vermieters

Leimen, 29.1.1945

Cara mamma

Da molto tempo sono senza tue
notizie e sono un po' in
pensiero. — Io sempre molto
bene come spero di Voi tutti.
Tanti saluti a tutti e tanti
... a te
Enzi

MARCH 26, 1944 POSTCARD

26 MARZO 1944 CARTOLINA

*D*ear mother,

Always waiting to hear from you, and to receive packages.
I am always very well as I hope it is for you all.
Life proceed well and very regular.
Many greetings to all and many kisses to you

Edi

Kriegsgefangenenpost
Corrispondenza dei prigionieri di guerra

Norditalien

Postkarte Cartolina postale

An
A

Signora Lucia Roseni

Gebührenfrei! Franco di porto

Absender:
Mittente

Vor- und Zuname:
Nome e cognome

Serg. Roseni Edvino

Gefangenennummer: 54172
Numero del prigioniero

Lager-Bezeichnung: siehe Rückseite
Designazione del campo   vedi retro

Deutschland (Germania)

Empfangsort: Trieste
Località di destinazione

Straße: Valmartinaga 2
Via

Trieste

Landesteil: Trieste
Provincia

Kriegsgefangenenlager
Campo dei prigionieri di guerra

Datum: 26-3-44
Data

M.-Stammlager XII A

Cara mamma — Sempre in
attesa di tue notizie e dei fans. —
Io sto sempre molto bene
come spero di voi tutti: — Per
la vita procede sempre molto
bene e regolare. — Tanti saluti
a tutti e tanti baci a te — Edv.

JULY 5, 1944 POSTCARD

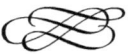

5 LUGLIO 1944 CARTOLINA

*D*ear Edi,

I am sorry not to receive your news.
Perhaps you'll receive this card.
We are all well here, as I always hope of you.
Did you receive the package?

Kisses and greetings,
Mother

Kriegsgefangenenpost
Corrispondenza dei prigionieri di guerra
Antwort-Postkarte
Cartolina postale di risposta

An den Kriegsgefangenen
Al prigioniero di guerra

Serg. Rosani Idrino

Gebührenfrei! Franco di porto!

Absender: Mittente:	Gefangenennummer: Numero del prigioniero: *52172*
Vor- und Zuname: Nome e cognome *Rosani Lucia*	Lager-Bezeichnung: Designazione del campo **M.-Stammlager X..**
Ort: Località	~~Kdo. 1521~~
Straße: Via *Volsmartingo 2*	*1765*
Landesteil: Provincia *Trieste* *Italia*	Deutschland (Germa..)

Hier abtrennen!

Diese Seite ist für die Angehörigen des Kriegsgefangenen bestimmt. Deutlich auf die Zeilen schreiben!

Questa pagina è riservata ai familiari del prigioniero di guerra! Scrivere soltanto sulle linee e leggibilmente!

5/7/44

Caro Egoli

Mi dispiace che non ricevi
mie notizie forse questa la
riceverai noi tutti bene come
spero sempre di te hai ricevuto
il pacco, baci io e la mamma

AMERICAN RED CROSS MAP OF
GERMAN POW CAMPS

MAPPA DELLA CROCE ROSSA AMERICANA
DEI CAMPI DI PRIGIONIA TEDESCHI

The following pages show a map with the locations of German camps and hospitals where American Prisoners of War and Civilian Internees were held. It was published by the American Red Cross in their war bulletin during World War II based on information they had received through December 31, 1944.

On the map, Stalag XII A is located near Limburg in sector A3.

Courtesy of The American National Red Cross.
All rights reserved in all countries.

Please note: The scale is inaccurate
as this reproduction is not the original size.

~

Le due pagine mostrano una mappa con l'ubicazione dei campi e degli ospedali tedeschi dove erano detenuti i prigionieri di guerra americani e gli internati civili. Fu pubblicato dalla Croce Rossa americana nel loro bollettino di guerra durante la seconda guerra mondiale sulla base delle informazioni che avevano ricevuto fino al 31 dicembre 1944.

Sulla mappa, Stalag XII A si trova vicino a Limburg nel settore A3.

~

Per gentile concessione della Croce Rossa Nazionale Americana.
Tutti i diritti riservati in tutti i paesi.

Nota: la scala è imprecisa poiché questa
riproduzione non è la dimensione originale.

PRISONER OF WAR CAMPS

CAMP	NEAREST TOWN	MAP SQUARE
Stalag II A	Neubrandenburg	B 2
Stalag II B	Hammerstein	C 1-2
Stalag III A	Luckenwalde	B 2
Stalag III B	Fürstenburg/Oder	C 2
Stalag III C	Altdrewitz	C 2
Stalag III D	Berlin-Steglitz	B 2
Stalag IV A	Hohnstein	B-C 3
Stalag IV B	Mühlberg	B 2
Stalag IV C	Wistritz	B 3
Stalag IV D	Torgau	B 2
Stalag IV D/Z	Annaburg	B 2
Stalag IV F	Hartmannsdorf	B 3
Stalag IV G	Oschatz	B 2
Stalag V A	Ludwigsburg	A-B 3
Stalag V B	Villingen	A 4
Stalag V C	Offenburg	A 3
Stalag VI C	Osnabrück	A 2
Stalag VI G	Bergisch-Neustadt	A 2
Stalag VI J	Krefeld	A 2
Stalag VII A	Moosburg	B 3
Stalag VII B	Memmingen	B 4
Stalag VIII B	Teschen	D 3
Stalag 344	Lamsdorf	C 3
Stalag VIII C	Sagan	C 2
Stalag IX B	Bad Orb	A-B 3
Stalag IX C	Bad Sulza	B 2
Stalag X B	Bremervörde	A-B 2
Stalag X C	Nienburg	A 2
Stalag XI A	Altengrabow	B 2
Stalag XI B	Fallingbostel	B 2
Stalag XII A	Limburg	A 3
Stalag XII D	Wahbreitbach	A 3
Stalag XII F	Freinsheim	A 3
Stalag XIII B	Weiden	B 3
Stalag XIII C	Hammelburg	B 3
Stalag XIII D	Nürnberg-Langwasser	B 3
Stalag 383	Hohenfels	B 3
Stalag XVII A	Kaisersteinbruch	C 4
Stalag 398	Pupping	B-C 4
Stalag XVIII A	Wolfsberg	C 4
Stalag XVIIIC(317)	Markt-Pongau	B-C 4
Stalag 357	Oerbke	A 2
Stalag XX A	Tórun	D 2
Stalag XX B	Marienburg	D 1
WK 8 – BAB 21	Blechhammer	D 3

CAMPS FOR AIRMEN

Luft I	Barth	B 1
Luft III	Sagan	C 2
Luft IV	Grosstychow	C 1
Luft VII	Bankau	C-D 2
Stalag XVII B	Krems/Gneixendorf	C 3
Dulag Luft	Wetzlar	A 3

NAVAL AND MERCHANT MARINE CAMPS

Marlag-Milag	Tarmstedt	A-B 2

GROUND FORCE OFFICERS' CAMPS

Oflag IV C	Colditz	B 2
Oflag VII B	Eichstätt	B 3
Oflag IX A/H	Spangenburg	B 2
Oflag IX A/Z	Rotenburg	B 2-3
Oflag X B	Nienburg	A 2
Oflag XI (79)	Brunswick	B 2
Oflag 64	Altburgund	C 2

LAZARETTS (Hospitals)

	NEAREST TOWN	MAP SQUARE
IV A	Res. Laz. Elsterhorst	
	(Hohnstein)	C 3
IV G	Leipzig	B 2
V B	Rottenmünster	A 4
VI C	Res. Laz. Lingen	A 2
VI G	Res. Laz. Gerresheim	A 2
VII A	Freising	B 2-3
IX B	Bad Soden/Salmünster	A 3
IX C	Obermassfeld	B 2-3
IX C	Meiningen	B 3
IX C	Hildburghausen	B 3
X A	Res. Laz. II, Schleswig	B 1
X B	Sandbostel	A-B 2
XIII D	Nürnberg-Langwasser	B 3
XVIII A/Z	Spittal/Drau	B-C 4
Marine Lazarett Cuxhaven		A 1
Luftwaffen Lazarett 4/11 Wismar		B 1
Res. Laz. II Vienna		C 3-4
Res. Laz. Graz		C 4
Res. Laz. Bilin		B-C 3
Res. Laz. Wollstein		C 2
Res. Laz. II Stargard		C 2
Res. Laz. Schmorkau		C 2
Res. Laz. Königswartha		C 2
Res. Laz. Ebelsbach		B 3

CIVILIAN INTERNEE CAMPS

Ilag Biberach	B 4
Ilag Liebenau	B 4
Ilag VII/H Laufen	B 4

Key

- ■ Prisoner of War Camps
- ① Camps for Airmen
- ◉ Officers' Camps
- ‡ Civilian Internee Camps
- ✛ Hospitals (Lazaretts)
- ▨ Marlag and Milag

Scale: 42 miles per inch.

Map labels:

LITHUANIA · Königsberg · Gumbinnen · EAST PRUSSIA · Danzig · DANZIG · Marienburg · Stalag XX B · IC SEA · Grosstychow · Stalag Luft IV · Neustettin · Hammerstein · Stalag II B · elgard · Bydgoszcz (Bromberg) · Oflag 64 · Altburgund · Wollstein · Res. Laz. Wollstein · Torun (Thorn) · Stalag XX A · Vistula River · Warszawa (Warsaw) · POLAND · Poznań (Posen) · Łódź · Land sberg · talag III C · g III B · Fraustadt · Stalag Luft III · Sagan · Stalag VIII C · Breslau · Stalag Luft VII · Bankau · Kreuzburg · rhorst · Lamsdorf · Beuthen · Stalag 344 · Blechhammer · WK 8 BAB 21 · Krakow · Teschen · Stalag VIII B · CHO · SLOVAKIA · Brno · Krems Gneixendorf · Stalag XVII B · Vienna · Res. Laz. II · Kaisersteinbruch · Stalag XVII A · Danube River · Budapest · HUNGARY · Graz · Res. Laz. Graz · Wolfsberg · Stalag XVIII A · YUGOSLAVIA

PUBLISHED BY THE AMERICAN NATIONAL RED CROSS, WASHINGTON, D.C.

PERSONAL LIFE

VITA PRIVATA

Edvino Raseni around one year of age/circa un anno di età

EDVINO RASENI AND HIS BRIDE

EDVINO RASENI E LA SUA SPOSA

The opposite page shows a studio portrait of Edvino Raseni and his bride, Giorgina Fonda. Pictures from their wedding day, August 31, 1947, are shown on the following two pages.

Nella pagina a fianco un ritratto in studio di Edvino Raseni e della sua sposa, Giorgina Fonda. Le immagini del giorno del loro matrimonio, il 31 agosto 1947, appaiono nelle due pagine seguenti.

EDVINO'S AND GIORGINA'S
SOCIAL LIFE

LA VITA SOCIALE DI EDVINO E GIORGINA

Edvino and Giorgina enjoyed a brilliant social life, attending elegant receptions and grand balls while regularly visiting the opera at Teatro Verdi in Trieste.

The opposite page shows a lovely photograph of the couple, dressed up for a night on the town. The following page features Edvino and Giorgina alongside an unidentified pair attending the Cavalchina Ball on February 28, 1949, a costume ball on the last night of Carnival.

Edvino e Giorgina godettero di una vita mondana brillante, partecipando a ricevimenti eleganti e grandi balli ed andavano regolarmente all'Opera al Teatro Verdi di Trieste.

La pagina accanto mostra una bella fotografia della coppia, vestita a festa per una serata in città. Nella pagina seguente Edvino e Giorgina insieme a una coppia non identificata partecipano al Ballo della Cavalchina il 28 febbraio 1949.

LA GIORGINEIDE ~ EDVINO'S ANNUAL COLLECTIONS OF POEMS AND DRAWINGS

LA GIORGINEIDE ~ RACCOLTE ANNUALI DI POESIE E DISEGNI DI EDVINO

Beginning in 1947, the year of their wedding, Edvino created an annual album for Giorgina. These heartfelt compilations contained poems, illustrations, and sentiments, serving as both a record of the year's events and a testament to his enduring love for her.

The subsequent pages offer a glimpse into these albums, showcasing a selection of the couple's most memorable moments.

A partire dal 1947, anno del loro matrimonio, Edvino creò un album annuale per Giorgina. Queste raccolte contenevano poesie, illustrazioni e sentimenti, che servivano sia come ricordo degli eventi dell'anno che come testimonianza del suo amore duraturo per lei.

Le pagine successive offrono uno sguardo in questi album, e mostrano una selezione dei momenti più memorabili della coppia.

Giorgina at the Opera

This year Giorgina has refused
The modest seating we had in the upper rows
And has bought instead much better seats
To show her more distinguished position
Here we see the very elegant girl
With her husband asleep in his seat
While his wife listens in ecstasy
To the high notes of a soprano . . . a bit out of tune.

Giorgina e l'opera

Quest'anno, all'opera, Giorgina ha ripudiato,
l'umile scanno che aveva nel lubbione,
e ha preso in cambio un posto più pregiato,
segno che aumenta in lei la distinzione.

Qui noi vediamo la bimba elegantissima
col lirico marito ... addormentato
mentre in estasi ascolta un'acutissima
lanciata da un soprano un po' stonato. —

La Giorgineide ~ Vol V ~ 1951

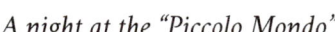

A night at the "Piccolo Mondo"

A summer starry night,
The sky is clear, there is fragrance in the air
The lover of all beautiful things
Happily accept the invitation to dance
In a place of delight and elegance
Excellent orchestra, modest prices
But ... alas, it closed ... in the end

Notturno al "Piccolo Mondo"

Notte d'estate, brillano le stelle,
il cielo è terso, nell'aria c'è fragranza,
e allor gli amanti delle cose belle,
accolgon lieti l'invito della danza.

Un luogo di delizie or fa furore,
"Piccolo Mondo" ma grande incantamento
i prezzi.... miti, l'orchestra di valore,
... peccato sia finito in fallimento!

Bad weather

We had a sleepless night
Listening to the sound of the shaking wooden floor
The howling of the wolves and the fierce wind
And in the morning we see the damage
To the small houses
But our house safely braved the storm
No matter the bad weather
I still l had to go to work
On this stormy day
And I earned the "medal"
For the most dedicated employee.

ANCORA MALTEMPO

La notte la passammo sempre desti,
sentir lo schricchiolio del pavimento,
e cento altri rumori più funesti,
l'urlo del lupo e il sibilar del vento.

Ed al mattino vedemmo le rovine,
delle già esauste povere casette,
la magion nostra però, fra tante spine,
all'infuriar del vento resistette.

Ed io compreso dal dover profondo,
che al lavor bisogna andar lo stesso,
mi guadagnai, quel di del finimondo,
la medaglia "all'uomo più indefesso" (°)

(°) l'inde è cancellabile a volontà.

91

ITALIA
26 October 1954

We invoked you but you did not listen
And left us under a foreign domination
We called you but yet you did not hear
Our proud heart calling
But a happy day you finally heard
Our passionate calls, our yearning souls
And we were then joined to our Fatherland.
This is history and here I remember
Those fateful days, so long awaited
And here you see the happy Raseni couple
Welcoming the Italian troops!

ITALIA
(26 ottobre 1954)

Noi t'invocammo, ma tu non ci sentivi
e ci lasciavi sotto il tallon straniero,
noi ti chiamammo ma ancora non venivi
a rischiarare il nostro cuore fiero.

Ma un lieto giorno udisti finalmente
le nostre grida d'amore e di passione,
t'accolse il nostro animo fremente
ed alla Patria allor facemmo unione.

————

La storia è storia, e devo ricordare
quei fatidici giorni sì anelati
e qui possiamo appunto ad osservare
i coniugi Raseni entusiasmati (*)

(*) La rima " i coniugi Raseni sla-
vazzati" suggerita da certi ben
qualificati circoli economici è
stata dall'autore sdegnosamente
e fiduciosamente respinta.

93

La Prefettura

~

Following the war's end, Edvino secured employment with the Prefecture, which served as the City and Provincial Government of Trieste, specifically within the Finance and Budget Office. His workplace, the Prefettura building, is depicted in his 1951 drawing (above) and a contemporary photograph (opposite).

Dopo la conclusione della guerra, Edvino ottenne un impiego presso la Prefettura, che fungeva da Comune e Provincia di Trieste, in particolare presso l'Ufficio Finanze e Bilancio. Il suo posto di lavoro, l'edificio della Prefettura, è raffigurato nel suo disegno del 1951 (opposta) e in una fotografia coeva (sotto).

～

Photo credit: Edvino's nephew, Dr. Eng. Giorgio Cappel
Crediti fotografici: nipote di Edvino, il Dr. Ing. Giorgio Cappel

IL RITORNO DEL SOLDATO

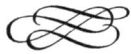

27 MARZO 1945 AL 5 MAGGIO 1945

INTRODUZIONE

MARIA XENIA WELLS

L'otto settembre 1943 il Re Vittorio Emanuele III firmò l'Armistizio con I Comandanti Alleati ed ordinò alle truppe di cessare le ostilità su tutti I fronti.

Il Re spostò il suo Governo al Sud dell'Italia, territorio già occupato dalle truppe alleate americane e inglesi.

Gli ufficiali di alto rango seguirono il Re.

Nel Nord dell'Italia le guardie aprirono I cancelli delle basi militari per permettere ai soldati di fuggire prima che arrivassero I tedeschi. Ed I tedeschi arrivarono subito dopo, le Divisioni SS e della Wermacht ed occuparono la parte Nord dell'Italia.

I soldati dell'Armata Italiana, privati dei loro comandanti, in totale disordine, abbandonarono le loro posizioni e fuggirono verso le montagne. Alcuni formarono il Gruppo di Partigiani, la base della Resistenza, che avrebbe continuato a combattere contro I tedeschi, fino alla fine della Guerra.

Altri venero uccisi negli scontri con I tedeschi, molti furono presi prigionieri e mandati ai campi di lavoro in Germania.

Il Caporale-Maggiore Edvino Raseni, mio zio, passò dei mesi nei villaggi e nelle montagne, con I gruppi dei Partigiani.

Fu preso prigioniero nel giugno del 1944, e mandato a un campo di lavoro a Leimen, presso Heidelberg.

Sopravvisse, ed il 27 marzo 1945 cominciò il suo lungo cammino verso l'Italia. Con tre amici, lasciò il POW (Campo dei prigionieri) STALAG XII A.

I tedeschi avevano abbandonato il Campo il giorno prima.

Le truppe americane arrivarono al Campo il 28 marzo, avendo già occupato una parte della Germania del Est. Ma la guerra continuò con frequenti battaglie ed incursioni aeree da parte delle forze aeree Americane, rendendo il viaggio dei nostri soldati difficile e pericoloso.

Questa storia è una cronaca, presa dal diario che Edvino Raseni continuò a scrivere, giorno per giorno, nella lunga marcia, da villaggio a villaggio, e città semidistrutte , attraverso la Germania, l'Austria e, finalmente, l'Italia.

Arrivò a Trieste, la nostra città, il 5 maggio 1945, tre giorni dopo l'arrivo del Generale Sir Bernard Freyberg della Seconda Divisione Neozelandese che aveva accettato l'arresa del Generale della Wermacht, Heinrich Von Vietinghoff, ponendo cosi a termine tutte le ostilità, fra Alleati e Tedeschi.

L'ultima parte del Diario è un resoconto verbale che mio Zio mi dette, spiegandomi che nelle ultime due settimane del loro viaggio non ci fu tempo per scrivere perché furono costantemenre presi tra I tedeschi che ancora resistevano e gli Alleati che procedevano verso l'Est, e spesso, se si trovarono su treni o cammions, dovevettero saltare a terra, per sfuggire ai bombardamenti aerei.

Quando, finalmente, raggiunse la sua casa, fu grato di vederla intatatta e di apprendere che tutta la famiglia era salva e che, come lui, gli altri soldati della famiglia erano sulla via del ritorno.

<u>LEIMEN</u> – 27 marzo 1945 – martedì ore 16

Dopo 9 mesi di permanenza a Leimen (duro lavoro in una fabbrica di cemento) fra qualche ora farò una fuga quasi... legale assieme ai compagni di sventura Rocco Micozzi di Torino, Aldo Ferrarese di Terea e Arrigo Di Salvatore di Artona dei Marsi (Aquila). Il nostro unico maresciallo Ubaldo Urbano di Napoli abbiamo dovuto abbandonarlo, con grande rincrescimento, in quanto alcuni giorni or sono si era fratturato, lavorando in ferrovia, un dito del piede per cui non è in condizioni di camminare. – Il tempo è leggermente piovoso e la meta è ricognita benchè al Consolato Italiano di HEIDELBERG ci siamo procurati, con raggiri, di una autorizzazione per recarsi a INNSBRUCK. Abbiamo oltre alle tessere alimentari per cinque giorni, una ottima scorta di viveri ed in special modo gallettine e tabacco, acquistati... il giorno prima in un magazzino militare.... aperto al pubblico.

Coraggio e avanti, il morale è alto e la salute è buona. –

LEIMEN

MARTEDÌ 27 MARZO 1945

*D*opo nove mesi di permanenza a Leimen (duro lavoro in una fabbrica di cemento) fra qualche ora farò una fuga quasi . . . legale assieme ai compagni di sventura Rocco Micozzi di Torino, Aldo Ferrarese di Ivrea e Arrigo di Salvatore di Ortona dei Marsi (Aquileia). Il nostro amico maresciallo Ubaldo Urbano di Napoli, abbiamo dovuto abbandonarlo, con grande rincrescimento, in quanto alcuni giorni or sono, si era fratturato, lavorando in ferrovia, un dito del piede per cui non è in condizioni di camminare. Il tempo è leggermente piovoso e la meta è incognita, benché al Consolato Italiano di Heidelberg ci siamo procurati con raggiri, di una autorizzazione per recarsi a Innsbruck.

Abbiamo oltre alle tessere di alimentazioni per cinque giorni, una ottima scorta di viveri ed in special modo gallettine e tabacco, acquistati il giorno prima in un magazzino militare aperto al pubblico.

Coraggio e avanti, il morale è alto e la salute buona.

Alle 17.15 dopo aver salutato commossi I compagni, abbiamo lasciato la "Zement Werk" e dopo aver attraversato di corsa la strada ci siamo inoltrati nel bosco. Abbiamo ognuno sulle spalle un pesantissimo fardello.

Abbiamo marciato circa due ore nel bosco sotto la pioggia. Un soldato tedesco ci ha dato delle indicazioni. Fatto buio ci siamo accampati in una baracchetta di legno, vicino ad un accampamento di soldati per passarvi la notte.

Se Dio e la fortuna ci assisteranno io credo che sarà un bel viaggio, il viaggio della libertà, il viaggio del ritorno.

IN CAMMINO

MERCOLEDÌ 28 MARZO 1945

*A*bbiamo passato una notte molto disagiata. Il freddo si è fatto sentire moltissimo. Il tempo è sempre brutto, piove leggermente e c'è nebbia.

La mancanza di una carta geografica, della bussola e di un orologio ci disturba molto.

Dopo qualche ora di marcia, sempre nel bosco, sostiamo dinanzi ad un paesino sconosciuto e consumiamo la colazione (100 gr. di salami 250 gr. di pane)

Proseguiamo lentamente e dopo aver sorpassato la località di Shapfenhausen ci dirigiamo verso Neckargemünd essendo questo il solo paese che conosco l'ubicazione e che è indicato nei cartelli stradali.

Il morale è un po' meno alto per il disorientamento causato dalla mancanza di carte stradali.

Sostiamo ancora e mangiamo delle rape crude e dei biscotti.

Verso le 11 incontriamo con nostra grande sorpresa, il comune amico Pasinetti che marciava in senso inverso del nostro e che si unisce a noi.

Vediamo passare una comitiva di profughi di tutte le nazionalità.

La nostra meta ora e'la città di Heilbronn. Sostiamo dinnanzi al villaggio di Mecherheim.

Salvatore ha raccolto un po' di verdura per la cena.

Facciamo delle affannose ed inutili ricerche per trovare un posto dove passare la notte.

Proseguiamo la marcia verso Zuzenhausen, mentre facciamo sempre delle ricerche per il ricovero notturno.

ZUZENHAUSEN

GIOVEDÌ 29 MARZO 1945

*A*bbiamo passato una bellissima notte in un pagliaio.

Verso le 9:30 di mattina dopo aver comperato un pacchetto di tabacco, una bella carta geografica, ci fermiamo subito fuori per la colazione.

Pasinetti ci lascia, per aspettarci a Sinsheim.

Il tempo ci è completamente sfavorevole, piove a dirotto.

Abbiamo oltrepassato Sinsheim e camminato ancora. Un "controllo" ci ha fermato e riscontrato tutto regolare.

A Steinfust facciamo tappa e troviamo un pagliaio per dormire. Mangiamo salami e mettiamo un po' d'ordine nei sacchi.

Una signora ci dà ancora delle patate.

Pasinetti non è d'accordo sul nostro modo di proseguire la marcia per cui lo abbandoniamo.

Un'altra signora gentilissima ci cuoce una enorme marmitta di patate mettendo dello strutto e della cipolla.

Dopo un'ottima mangiata di patate, pane e marmellata beviamo un po' di mosto e ci corichiamo nel pagliaio.

STEINFUST

VENERDÌ 30 MARZO 1945, ORE 7:00

*D*opo una buona notte nella paglia siamo indecisi se continuare la marcia a causa del tempo sempre sfavorevole.

Una signora ci da' delle patate. Mangiamo e partiamo. Fuori del paese un sergente della SS, di male maniere, ci porta via la gavetta.

Questo fatto ci demoralizza.

Proseguimo la marcia e per allegerirci, in una tappa nel bosco, buttiamo via un mucchio di roba.

Mangiamo ancora due pacchetti di gallette con burro e cento grammi di formaggio a testa e proseguiamo la marcia raggiungendo il paese di Kirchardt. Affannose e mortificanti ricerche per il ricovero della notte. Finalmente lo troviamo presso il Bauerfuhrer. Un ottimo purè di patate ed una magnifica zuppa di latte appena munto con zucchero e biscotti è la nostra cena.

KIRCHARDT

SABATO 31 MARZO 1945

*N*otte fredda e serena. Verso le 4:00 ci svegliano perché nel pagliaio arriva un camion militare.

Decidiamo di partire.

Apparecchi mattutini in picchiata ci fanno prendere un po' di paura e ritardiamo la nostra partenza.

Alle nove riprendiamo la nostra marcia verso il destino.

Per la strada un italiano che lavorava a Zurfeld, ci racconta che molti connazionali sono stati fermati per fare delle fortificazioni.

Un soldato della SS ci regala del tabacco ...

Dobbiamo fare numerosissimi salti nei fossati a causa degli aeroplani che mitragliano e bombardano continuamente vicino a noi.

Raccogliamo patate, sempre disturbati dagli apparecchi. Facciamo una sosta di varie ore, cucinando due bellissime marmitte di patate ancora sotto la continua minaccia degli aerei.

Quindi proseguiamo. Controllo a Zurfeld e sosta a Baufeld dove comperiamo pane e spaghetti e cerchiamo alloggio.

Difficoltà per trovare alloggio. Sentiamo due spaventose esplosioni e vediamo due altissime fiammate che non sappiamo cosa siano. Il morale è molto basso. Dormiamo malissimo nel freddo.

BIBERACH

DOMENICA 1 APRILE 1945 — PASQUA

È Pasqua ma la fortuna sembra che non ci sorrida.

Dopo una bruttissima notte ci alziamo infreddoliti e indolenziti e proseguiamo la marcia.

Raggiungiamo Biberach e ci accampiamo fuori del paese e facciamo colazione con burro, zucchero e biscotti.

Troviamo un po' di patate e facciamo la solita magnifica zuppa di patate, piselli e farina.

Costruiamo un ricovero in balle di paglia per passare la notte.

Mangiamo ancora pane e burro, mentre, durante la passeggiata serale una ostessa gentilmente ci regala del pane e della carne.

Nella baracca ci si sta magnificamente ma alle undici circa ci svegliano perché nella immediata vicinanza devono far esplodere delle munizioni.

Se I militari non si accorgevano di noi facevamo una brutta fine.

BIBERACH/HEILBRONN

LUNEDÌ 2 APRILE 1945

*D*opo la movimentata notte ci prepariamo a lasciare il paese. Il fronte è vicinissimo.

Raggiungiamo Heilbronn e ci rechiamo al Consolato Italiano per regolazzizare la posizione di Salvatore. Il Console ci sconsiglia di rimanere a Heilbronn dato che la situazione è "brusca." Riprendiamo la marcia e mangiamo delle galette con lo zucchero.

Raggiungiamo un paese che non so il nome, troviamo alloggio e sentiamo la sbalorditiva notizia che gli americani hanno occupato Heilbronn.

Mangiamo due pacchetti di biscotti con burro e zucchero. Troviamo dei russi I quali, mentre noi già ci rassegnavamo di andare a letto senza cena, fanno a gara per sfamarci, dandoci del pane, latte e miele.

LOCALITÀ SENZA NOME

MARTEDÌ 3 APRILE 1945

Facciamo colazione con latte e pane. Piove. Mentre ci illudevamo di aspettare nella masseria dove avevamo trovato alloggio, il padrone ci intima bruscamente di andare via.

Andiamo prendere alloggio in un pagliaio un po' fuori del paese. Consumiamo la solita minestra di patate e ci corichiamo. Le notizie che ci giungono dicono che gli americani sono vicinissimi.

Notiamo che reparti di soldati Tedeschi costruiscono in tutta fretta due linee difensive.

SULLA STRADA PER NORDHEIM

MERCOLEDÌ 4 APRILE 1945

*L*e artiglierie americane sparano vicinissime.

Un grande movimento di truppe tedesche nelle vicinanze ci consiglia di tagliare la corda e cercare un altro asilo.

Troviamo rifugio in una grotta sopra il (fiume) Neckar.

Siamo a scarso di viveri. Delle donne russe vengono a nascondersi nella grotta e ci comunicano che le SS rastrellano tutti gli stranieri del paese. Cucinando la solita zuppa e decidiamo sul da farsi. Ci sembra meglio abbandonare il rifugio troppo in vista. Scendiamo a Nordheim. Nella trattoria della stazione beviamo alcuni litri di ottimo vino.

Dei soldati tedeschi ci fermano e ci costringono a costruire un fosso anticarro. Il vino bevuto mi fa malissimo e la buona zuppa mangiata nel pomeriggio fa una brutta fine.

Troviamo ricovero in una stalla vicina.

NORDHEIM

GIOVEDÌ 5 APRILE 1945

I colpi delle artiglierie americane ci cadono molto vicino. Verso le due la situazione si fa più pericolosa. La padrona di casa, spaventatissima, ci comunica che lei avrebbe cercato rifugio altrove ma che noi, se lo volevamo, potevamo rimanere.

Apprendiamo che undici carri armati americani sono alle porte del paese. Questa notizia ci fa molto piacere e decidiamo di tentare la sorte rimanendo nella stalla. La situazione però si fa di minuto in minuto più critica; le granate ci scoppiano a pochi metri. La stalla trema tutta e si riempie di calcinacci, polvere e piume di polli e galline in quanto era stato colpito l'attiguo pollaio.

Decidiamo di tentare una sortita. Percorriamo il paese in fiamme sotto il tiro di tutte le armi, cercando un rifugio più sicuro. Nei rifugi privati ci viene negato l'asilo. Usciamo quindi terrorizzati dal paese e ci ricoveriamo in una conca un po' coperta.

La battaglia continua intensissima e proiettili con traiettoria colorata percorrono in tutte le direzioni ed altezze il cielo. Verso l'alba ufficiali tedeschi ci costringono, sempre sotto il fuoco, a trasportare delle biciclette. Decidiamo di uscire da quell'inferno e ci mettiamo in rotta verso Lauffen.

Mentre ormai quasi fuori dai tiri, cercavamo tranquilli delle patate, notiamo, davanti a noi dei soldati tedeschi che uscivano strisciando dalle trincee, per buttarsi in altre trincee. Grande sorpresa e paura da parte nostra. Comprendiamo che stavamo pacificamente a cercare delle patate tra le linee tedesche ed americane.

Raggiungiamo una specie di rifugio nei pressi di Lauffen. Le granate ricominciano a sibilare sulle nostre teste.

Un ufficiale tedesco mi chiede delle informazioni circa la situazione, confessandomi che attendeva il momento propizio per arrendersi.

Le granate ci scoppiano vicinissime e vogliamo ritornare sui nostri passi, ma finiamo nuovamente in mezzo alle posizioni tedesche di prima linea.

Un francese ci consiglia di andare a Lauffen presso la "Zement Werk" dove si trovano degli altri italiani.

Attraversiamo spaventati le rovine della città e passiamo, ancora più spaventati, un ponte preso continuamente di mira dai cannoni americani.

Prima di raggiungere la fabbrica, aerei in picchiata ci costringono cercare rifugio in un ricovero pubblico dal quale però . . . gentilmente ci scacciano.

Presso la fabbrica non troviamo molta buona accoglienza da parte degli italiani perché anche loro si trovano in situazione analoga alla nostra.

Gli aerei sono sempre sopra. Siamo un po' contrariati perché non abbiamo più viveri ma solamente delle carte annonarie.

Facciamo un piccolo conciglio e decidiamo di farci liberare dagli americani in tempo più propizio e di allontanarsi da quell'inferno proseguendo verso l'Est.

Prima di partire una scarica di bombe e mitraglia, a pochi metri da noi , la tristissima città di Lauffen ci dà il suo saluto.

Finalmente, dopo una giornata così intensa di spiacevoli avventure siamo più calmi, e fiduciosi anche se stanchi ed affamati e procediamo lentamente per allontanarci completamene dalla battaglia e ci dirigiamo verso Ilsfeld.

Mangiamo delle rape crude e l'ultimo pacchetto di biscotti. Ma la Provvidenza non ci abbandona.

Troviamo delle patate e prima di entrare nel paese consumiamo la solita abbondante zuppa di patate, pasta e piseli.

A Ilsfeld troviamo subito un ottimo alloggio e compriamo dell'ottimo burro, formaggi ed altre cose.

Quindi soddisfatti e stanchi andiamo a dormire dopo una tanto brutta giornata conclusasi, ringraziando Dio, felicemente.

ILSFELD

VENERDÌ 6 APRILE 1945

Dopo aver finalmente ben dormito, vado con Micozzi al Municipio dove, con nostra grande gioia, ci danno le nuove carte annonarie. Siamo a posto.

Delle donne ci regalano del pane e delle mele.

Proseguiamo la nostra marcia. A Baufeld compriamo del pane. Cerchiamo quindi il solito boschetto con il solito ruscello e cuciniamo la solita enorme zuppa di patate. Sostiamo, mi vergogno a dirlo, cinque ore solamente cucinando e mangiando, oltre alla zuppa, moltissimo pane, con ricotta, formaggio, zucchero e pane. Friggiamo, inoltre delle ottime lumache. La pioggia, iniziata nella mattinata, continua incessante.

Riprendiamo la marcia. A Kleinbach troviamo subito alloggio in un pagliaio dove troviamo dei soldati italiani in servizio presso la Wermacht.

Questi bravi italiani ci regalano un mucchio di cose. Pane, grassi, tabacco ecc.

KLEINBACH

SABATO 7 APRILE 1945

*D*opo una buona dormita, dopo aver salutato I bravi soldati italiani, dopo aver . . . rubato delle patate e bevuto del caffè, riprendiamo la marcia alla volta di Backnang. Facciamo una ottima colazione e quindi attraversiamo la cittadina.

Facciamo delle spese e proseguiamo oltre.

Ora il cannone si sente molto, molto debolmente.

Alle porte di un paese, ove probabilmente passeremo la notte, ci accampiamo per consumare il rituale pasto. Mangiamo a crepapelle e quindi continuiamo la marcia verso Allenerbach.

Troviamo buona ospitalità presso il "Bauerfuhrer" locale il quale ci dà della zuppa, del pane, del grasso e del vino. Aiutiamo questo contadino a lavorare un pò. Quindi ci corichiamo nella stalla, in mezzo alle vacche.

ALLENERBACH

DOMENICA 8 APRILE 1945

*L*e vacche, con le loro mobilissime code, hanno disturbato il nostro sonno, accarezzandoci continuamente.

Prima di partire ci danno dell'ottimo caffè latte e pane, prendiamo quindi la strada del bosco.

La giornata è magnifica. Fredda e splendente di sole. Camminiamo lentamente nella suggestiva strada boschiva.

Il panorama è stupendo. Questa maestosa quiete montana ci porta lontano dalla guerra.

Consumiamo al sole la solita abbondante colazione, cerchiamo ancora un po' per trovare un posto adatto per passarvi tutta la giornata in quanto, essendo domenica la vogliamo dedicare al riposo ed alla pulizia personale.

Accampati in una conca provvediamo ad un nuovo stralcio del nostro già esiguo corredo ed alla pulizia.

Soltanto alcuni apparecchi, ora levatisi, disturbano questa quiete. Cuciniamo e mangiamo.

Verso sera riprendiamo la marcia. A Radesburg sostiamo in una trattoria e beviamo del vino.

In un paesino troviamo alloggio presso il fiduciario del partito.

OBERDORF

LUNEDÌ 9 APRILE 1945

*N*otte ottima. Il mattino lascia prevedere una giornata di splendido sole.

Sveglia presto e colazione di buone patate e caffè gentilmente offerteci dal . . . Nazista.

Passiamo attraverso un bosco magnifico e raggiungiamo Negeheim. Compriamo del salame e del pane e rubiamo delle patate. Facciamo un'ottima colazione.

Nella strada del bosco un controllo volante di ufficiali superiori della SS e della Polizia ci ferma e ci chiede I documenti.

Abbiamo le tasche piene di lasciapassare e salvacondotti di tutti I Consolati in Germania e perciò ci lasciano proseguire. Abbiamo intenzione di raggiungere Gerlind. Solita sosta al sole e solito ottimo pasto. Riprendiamo la strada decidendo però di invertire direzione e proseguire per Schorndorf. A sera fatta, in un paese dove chiediamo ospitalità al Podestà che ci da'anche del salame e del vino.

SCHORNDORF

MARTEDÌ 10 APRILE 1945

*T*rascorriamo una ottima notte.

Veniamo a conoscenza dal Podestà di una circolare che autorizza I civili lavoratori stranieri a rimanere sul posto anche in caso di avanzata nemica. Questa notizia ci soddisfa moltissimo. Al paese successivo riesco con molta soddisfazione a prendermi un'ulteriore tascata di tessere annonarie.

Compriamo molta pasta è molto burro.

Mangiamo molto, ma ora ci troviamo un po' a disagio, se indugiare ed attendere gli americani, come vogliono I miei compagni, o andare direttamente a Innsbruck, come vorrei io.

Decidiamo comunque di andare verso Stoccarda per vedere colà come è la situazione.

Per dormire siamo costretti a forzare le porte di un fienile.

VERSO STOCCARDA

MERCOLEDÌ 11 APRILE 1945

L'alba ci trova già fuori dal fienile per timore di rappresaglie da parte del proprietario.

Dopo alcune centinaia di metri di marcia ci accampiamo in una collina per passarvi la giornata.

Queste nostre soste prolungate le facciamo allo scopo di poter attendere gli ulteriori sviluppi della situazione e decidere quindi se è meglio farci raggiungere dalle truppe anglo-americane oppure proseguire direttamente verso l'Italia.

La giornata è magnifica e piena di sole. Sugli alberi gli indici della nascente primavera.

Scendo in un paese per fare degli acquisti, quindi cuciniamo un ottimo purè di patate.

Sdraiati tranquilli al sole mangiamo acora pane e salami, guardiamo le numerosissime formazioni di bombardieri che stanno dando il colpo di grazia alla disgraziata Germania. Quindi con la solennità dovuta all'evento, ci accingiamo a compiere un sacro rito "alimento" — quello di fare la pasta asciutta che da anni nessuno assaggiava.

Un capolavoro simile nessuno lo aveva mai fatto.

Solenizziamo l'evento con abbondante seguito di formaggio, caffè e salame. Cerchiamo ancora un pagliaio incostudito e dormiamo cosi . . . la (*illegibile*) giornata di profughi senza mangiare!

VERSO STOCCARDA

GIOVEDÌ 12 APRILE 1945

*P*iove e ciò ci disturba alquanto. Siamo sempre tremendamente indecisi sul da farsi. Il giornale tedesco ci da' incoraggianti notizie.

Abbondante colazione con pane e salame. Oltre l'idecisione siamo anche presi dallo scoraggiamento. Un poliziotto, controllandoci, ci consiglia di andare a Ulm a piedi naturalmente, perché non ci sono treni.

Ciò ci rinfranca.

Mentre consumiamo della birra e del vino in un paese che non ho visto il nome, degli impiegati del Municipio ai quali avevamo fatto presente la nostra scarsezza di viveri, ci consigliano di andare a Waiblingen per fare le carte. Partiamo di carriera verso Waiblingen che dista 11 Km. Per strada consumiamo ancora una colazione. A Waiblingen incontriamo ancora degli italiani I quali ci comunicano che moltissimi connazionali sono ospiti in quel paese.

STOCCARDA

VENERDÌ 13 APRILE 1945

assiamo tutta la giornata in treno sotto I bombardamenti.

VERSO MONACO

SABATO 14 APRILE 1945

*A*lle 10:30 a.m. arriviamo a Augsburg. Il treno per Monaco non partirà che alle 19:10. Compriamo tutto quanto ci rimane delle tessere e ci portiamo verso la periferia per cucinare la pasta asciutta che riesce troppo buona e troppo abbondante tanto che con nostro rincrescimento dobbiamo avanzare parecchio.

Diamo un addio ai nostri fedelissimi piatti e marmitte e ci rechiamo alla stazione.

Alle 19:10 il treno, sul quale abbiamo trovato comodo posto, lascia Augsburg per Monaco.

Raggiungiamo in breve Pessing, dove troviamo subito il treno per Monaco. A Monaco troviamo la . . . bella notizia che il treno per Innsbruck partiva alle 4:54 da Pessing!! Ritorniamo a Pessing e consumiamo una delle solite ottime colazioni con abbondante pane, salami, burro e zucchero.

PESSING

DOMENICA 15 APRILE 1945

*A*ttendiamo il treno. Suona l'allarme.

Alle 3 troviamo posto sul treno che verso le 5 parte per Innsbruck.

All'alba vediamo il magnifico paesaggio delle alpi.

Ci fanno trasbordare dal vagone diciotto km. prima di Innsbruck . Bisogna scendere perché la linea é interrotta. Passiamo per un paesino completamene distrutto. Saliamo su un altro treno. L'allarme fa sostare il treno per varie ore, in una galleria. – Facciamo ancora una colazione con pane, salame, burro e zucchero.

Arriviamo nella tanto nominata Innsbruck.

Grande caos nella stazione. Indecisione sul da farsi.

Bisognerebbe entrare in un recinto della Delegazione, vigilato da un poliziotto armato.

Noi non vorremmo entrare per timore che ci freghino, perché, devo confessare abbiamo pochissima fiducia che, dopo tante sofferenze, ci mandino effettivamente in Italia. Tentiamo una scappata alla stazione. Niente da fare, bisogna attendere l'indomani alle 8:30 per mettersi in lista per il rimpatrio. Entriamo alla Delegazione. Pulizia sommaria e non sommaria, colazione con I soliti generi, quindi un giretto per le rovine di Innsbruck.

Nella sala dove dormiamo, un violinista, una chitarra ed un comico, ci danno un'ora di serena allegria.

INNSBRUCK

LUNEDÌ 16 APRILE 1945

*I*l mattino ci trova subito ansiossimi per la lieta partenza. Pulizia e colazione, questa volta non così abbondante. Chiamano l'adunata; I possessori di regolari documenti di rimpatrio a destra, gli altri a sinistra. Noi ci mettiamo subito con I regolari.

Con nostra grande disillusione riscontriamo però non regolari e completi I nostri documenti e ci mettono in coda alla lunghissima fila di sinistra.

Cominciano l'elencazione nella lista. Ed ecco una doccia fredda. Dei civili tedeschi entrano nel cortile per prelevare uomini per lavorare. Grande flusso e riflusso nel cortile. Tentiamo di sottrarsi alla cattiva sorte.

Riusciamo a far uscire qualche centinaio di persone. Infine dobbiamo, con nostro grande dolore, uscire anche noi. Dei cammions sono pronti per trasportare via I lavoratori. Riusciamo a far partire I cammions senza di noi. Siamo incolonnati con altri circa cento compagni di sventura e, sempre scortati da soldati Tedeschi, usciamo verso una ignota destinazione.

Grandi grida dei poliziotti perché alcuni compagni fuggono. – Dopo qualche centinaio di metri, io ed I miei compagni eludiamo la vigilanza e ci nascondiamo in un portone. Minuti di ansia per la paura di essere riacchiapati. — Tutto procede bene. Usciamo e calmissimi ritorniamo nel recinto affermando di essere appena arrivati. Ci mettiamo, con nostra naturale gioia immediatamente nella lista dei partenti e ci danno le marchette per mangiare. Le peripezie non sono però finite I datori di lavoro vengono a protestare perché di più di cento italiani partiti dalla Delegazione, soltanto una quarantina sono arrivati ai posti di lavoro. Chiamano dei nomi, noi che siamo gli ultimi della lista, tremiamo di paura.

Vogliono che versiamo I marchi e ci si mette in fila per ritirare le Lire. Bruttissimo momento ho passato, pressato e spinto davanti ad una porta che non si apriva. Dopo sette ore di vera paura riesco a sbrigarmi, il mangiare è esaurito.

Facciamo, invanamente, ancora una fila per cambiare dei soldi.

Finalmente verso le nove la lunghissima colonna parte per la stazione. Lunghissima attesa davanti alla stazione. Finalmente, dopo una decina di volte di zaino in spalla e zaino a terra, saliamo sul vagone e verso le 20 lasciamo Innsbruck.

Sul treno che corre verso l'Italia si canta. Ancora una paura. Un po' prima del Brennero fanno, non si sa il motivo, scendere tutti gli italiani. Ansia e timore. Si marcia a piedi verso il Brennero. La situazione si rasserena. Qualche ora di attesa e finalmente si passa la sbarra. Si versano I marchi ci si mette in fila per ritirare le Lire e il mangiare.

BRENNERO

MARTEDÌ 17 APRILE 1945

*S*i monta sul treno affollatissimo, sosta nel bosco causa allarme. – La linea è bombardatissima.

18 km. prima di Bolzano bisogna fare alcuni tratti a piedi. Nel tragitto sostiamo, dividiamo la roba e ci alleggeriamo. A stento troviamo un posto sul treno che deve portarci a Bolzano, Micozzi e Ferrarese saltano immediatamente su un cammion. Torino è la loro meta. Siamo increduli della fredda accoglienza della Patria . . . Ritrovo Salvatori al quale do' la rimanenza della pasta e fagioli . . .

Mi porto al posto di blocco nella speranza di trovare un mezzo. Inutile attesa. Mi addormento sul nudo selciato.

BOLZANO

MERCOLEDÌ 18 APRILE 1945

$\mathcal{U}$n improvviso amico mi sveglia e con lui mi reco presso la CRI (Croce Rossa Italiana) dove ci sdraiamo sul pavimento.

Mi sembrava di dormire su un letto di piume. Sveglia alle 7 e altra sosta, invano, al posto di blocco. Mi reco nuovamente al posto di ristoro dove mi danno della ottima minestra e mele. Quindi ancora stanchissimo vado a riposarmi e rinunciando al pranzo, dormo ancora.

Salvatore lo perdo di vista. Rimango solo con la mia bisaccia di pasta a tracolla . Il mio primo pensiero è di cambiare la pasta con il pane. In una tabaccheria tedesca mi regalano invece un filone di pane. Comincio a raccontare la mia avventura.

Ritorno presso il giornalaio che mi dona invece tre sigarette. Cambio parte della pasta con del pane presso una panetteria tedesca. Quindi mi reco verso il posto di blocco, molti cammions partono per Milano, Verona, ma io preferisco andare a cenare alla CRI. Mi danno, dopo un po' di fila, una bella zuppa di riso, del pane e una mela.

A QUESTO PUNTO IL DIARIO
FINISCE

Il resto della storia è un resoconto di quegli ultimi giorni, dal 19 aprile al 5 maggio, che mio zio mi dette molti anni dopo I fatti, quando mi presentò il suo diario, dicendomi che un giorno forse ne avrei fatto qualche cosa. Ancora molti anni passarono prima che potessi riprendere la storia.

19 APRILE 1945. Ero felice di aver finalmente raggiunto Bolzano, ma sembrava che non fosse possibile trovare um mezzo per procedere verso l'Est. Dopo due giorni di attesa mi misi in cammino. Avevo ormai poco cibo, le marchette per mangiare nessuno le dava più, sembrava che tutto si fosse fermato, in attesa della ultima battaglia, della fine della guerra.

Dopo tre giorni di marcia, attraverso boschi e villaggi, evitando le linee ferroviarie perché venivano ancora bombardate, raggiunsi Trento, il 21 aprile, esaurito ed affamato.

Trovai rifugio in una chiesa ed il prete mi dette da mangiare ed una . . . camicia. I miei abiti erano ridotti a brandelli, I miei stivali erano bucati e non avevano più I lacci. Passai due notti in un fienile vicino alla chiesa ed il 23 aprile il prete venne a dirmi che c'era un treno che partiva per Belluno e Treviso.

Alcuni battaglioni Tedeschi opponevano ancora una disperata resistenza ed avanzavano verso le armate alleate dirette verso Nord-Est, verso il fiume Piave, dove le truppe tedesche erano ingaggiate in una battaglia contro le truppe Yugoslave.

Il 25 aprile, poco prima di raggiungere il Piave, il treno si fermò ed io scesi, non so chi dovevo temere di più, I tedeschi, gli Yugoslavi, o le incursioni aeree americane.

Traversai il Piave in strana compagnia, una Divisione Armata tedesca che andava incontro agli alleati per arrendersi. Finalmente questi "alleati" mi furono identificati: erano le truppe del secondo battaglione neozelandese del Generale Freyberg che avanzava verso Monfalcone e Trieste.

In Trieste I Tedeschi erano ingaggiati in una finale battaglia contro le truppe Yugoslave ed aspettavano di arrendersi all'Armata Neozelandese.

Ora non ero soltanto esaurito ed affamato, ma preoccupatissimo per la sorte della mia famiglia. Era molto tempo che non avevo loro notizie.

I tedeschi mi sorprendevano . . . mi offrirono il poco cibo rimasto, ed in quei boschi tranquilli, ancora una volta . . . cucinavano le poche patate trovate!

I boschi erano gli stessi, dovunque, ma qui ero al Piave, vicino a casa! Era strano fraternizzare con questi tedeschi ma a questo punto noi tutti volevamo tornare a casa.

Una scena surreale vicino al fiume . . . la nebbia aveva avvolto la foresta, si mangiava il poco che ci era rimasto.

I tedeschi procedettero verso l'Armata Neozelandese per arrendersi. Un cammion italiano mi dette un passaggio fino a Mestre. Il 29 ci fermammo vicino a Mestre, dove passai due giorni in una fattoria . I campi devastati non offrivano molto ma il contadino preparò un pane di patate con farina, uova e latte. Non voleva cucinare I polli, perché almeno le uova ci davano più da mangiare, mentre il pollo sarebbe sparito in un pasto!

Alcuni uomini ascoltavano Radio Londra nella cantina e ci dissero che I Neozelandesi stavano per entrare a Trieste.

Il Comandante tedesco aspettava I neozelandesi per arrendersi.

Ero ormai così esaurito che non potevo fare più un passo. A Trieste la battaglia continuava tra I tedeschi ed I soldati Yugoslavi.

Finalmente sentimmo che l'Armata Neozelandese del Generale Sir Bernard Freyberg era arrivata a Trieste ed I tedeschi, in tre parti della città, si erano arresi a lui e alla sua Armata.

Cercai un mezzo per proseguire verso Monfalcone, e lì dovetti fermarmi ed aspettare ancora altre istruzioni. Incontrai altri soldati italiani provenienti dalla Germania. Si dovette attendere ancora due giorni ma almeno eravamo alloggiati in una scuola dove ci dettero da mangiare.

Non ricordo cosa mangiai in quei ultimi due giorni, ma il soldato inglese, incaricato a portare provviste alla Croce Rossa mi dette un vasetto di marmellata d'arancia. Lo conservo ancora! E mi permise di salire sulla sua Jeep e si ... volo' alla volta di Trieste.

Fu la più bella entrata in città della mia vita!

Le ginestre contro gli scogli e il mare blu, il Castello di Miramare sul promontorio, ero quasi a casa!

Dissi al soldato dove lasciarmi.

Cominciai a camminare verso casa con commozione e timore, come troverò la mia famiglia, mia madre, le mie sorelle, I bambini, tutti salvi?

E la casa? Ma tutto sembrava a posto. Portavo con me il mio fedele zaino con I miei documenti, il mio diario ed il vasetto di marmellata, non me me sarei mai separato!!

Finalmente raggiunsi la mia casa, salii i due piani, con una certa ansia ... cosa avrei trovato?

Ma quando suonai il campanello ebbi la più grande sorpresa della mia vita: ecco mia madre, venuta ad aprire la porta, che gentilmente mi chiese:" Cosa posso fare per lei?" Non mi aveva riconosciuto!!

Non mi ero reso conto dello stato in cui ero ridotto!

Ma ero a casa e la vita poteva ricominciare.

5 maggio 1945

EPILOGO

MARIA XENIA WELLS

Nel settembre 1945 Edvino Raseni, dopo esser stato onorevolmente congedato dall'Esercito, fu assunto dalla Prefettura, nel settore Finanza Comunale e Provinciale.

Per alcuni anni aveva anche lavorato con il Comitato per l'assistenza dei Profughi, che avevano lasciato il territorio della Yugoslavia, concesso al Governo del Maresciallo Tito, in un accordo che lasciava la città di Trieste nella zona A, amministrata dal Governo Militare Alleato.

Questa situazione diplomatica durò fino al 26 ottobre 1954 quando Trieste fu riunita al Governo Centrale Italiano secondo un accordo tra gli Alleati che avevano amministrato la Zona A ed il Governo Italiano.

Nel 1963 Edvino Raseni fu nominato Vice Dirigente dell'Ufficio Elettorale Provinciale.

Nel 1968 fu investito del titolo di Cavaliere del Lavoro. Il Diploma fu firmato dal Presidente della Repubblica Giuseppe Saragat e dal Primo Ministro Mariano Rumor.

Andò in pensione nel 1979, con onore e riconoscimento per la sua lunga e brillante carriera.

Il 31 agosto 1947 sposò Giorgina Fonda. Ogni anno della loro vita coniugale Edvino scrisse un diario illustrato, a colori, con il testo in poesia, descrivendo la loro vita coniugale con amore e senso umoristico.

Condussero una vita sociale molto brillante, partecipando a balli, cene formali, o in ristoranti locali, e riunioni di famiglia nella grande casa della Nonna Lucia, che ci accoglieva tutti per le feste tradizionali.

A Giorgina piaceva moltissimo il famoso cantante/compositore Domenico Modugno. Andarono a tutti I suoi concerti in ogni città d'Italia. Serbò una grande collezione di tutti I posters, biglietti, programmi, fotografie, dischi. Alla morte di Modugno Giorgina mandò questa collezione alla moglie di lui.

Non avendo loro figli furono molto affezionati ai nipoti a Trieste, Milano e Austin, Texas.

Mi fu di grandissimo aiuto quando mia madre ebbe bisogno d'assistenza ed io non potevo assentarmi da casa per molto tempo. Si occupò di tutti gli aspetti finanziari e medici, fino alla morte di lei. Gli devo la mia profonda gratitudine.

Zio Edi rimane nella mia memoria come un uomo generoso ed eccezionale.

～

Edvino Raseni
5 novembre 1919 — 23 dicembre 2001

RINGRAZIAMENTI

Tutto cominciò con una conversazione con il Professore della Facoltà di Storia, Wm. Roger Louis, in cui descrissi il contenuto del Diario di Guerra dello Zio Edvino: un lungo cammino dal Campo di Prigionia a Leimen fino a Trieste.

Il Professor Louis mi disse che questa era un bellissima storia, che dovevo tradurre il testo in inglese e presentarlo ad un editore.

Molti anni dopo, seguii il suo consiglio. Sono molto grata al Prof. Louis per avermi avviata a questo viaggio letterario di un momento storico e personale.

Sono riconoscente ai miei cugini in Italia, Lucia e Stella Giorgianni e il Dr. Ing. Giorgio Cappel, per informazioni sulla carriera professionale di mio zio e per avermi dato documenti e fotografie pertinenti al soggetto, che appaiono nel libro, ed a mia figlia Sandra Kugler per aver letto il manoscritto in inglese ed italiano. Grazie anche all'amica Patrizia Papi per I suoi suggerimenti di stile italiano.

Un ringraziamento in particolare all mia editrice, Stephanie Kreml, per il suo incoraggiamento ed aiuto con la stesura del libro.

Io le detti una storia, lei ha creato il libro.

A tutti voi, la mia profonda gratitudine.

Maria Xenia Wells

UNCLE EDI WITH MARIA

ZIO EDI CON MARIA

Edvino and Maria celebrating with family in November 1960.
Edvino con Maria festeggia in famiglia nel novembre 1960.

ABOUT THE TRANSLATOR
NOTE BIOGRAFICHE

A Fulbright Scholar and a Doctoral graduate from the University of Pisa, Maria Xenia Wells Zevelechi left her hometown of Trieste, Italy, to come to the University of Texas at Austin where she established her career. She has published books about Italian manuscripts and rare books collections; articles about ancient manuscripts, modern Italian authors, dialect poetry, and Puppet Theatre.

In 1992, the Italian Government awarded her the title of Cavalier in the Order of Merit of the Italian Republic for her academic merit and her role as liaison between the Italian Consulate and Embassy, and the University of Texas.

For Maria Xenia, the translation of Edvino Raseni's WWII diary was not just an academic endeavour but also a deeply personal project. She hopes that, through her uncle's words, readers will gain insight into a poignant chapter of history and a testament to human resilience.

She invites you to journey back in time and experience the emotions, struggles and hopes documented in this exceptional diary.

~

Maria Xenia Wells Zevelechi, studiosa Fulbright e laureata in Dottorato presso l'Università di Pisa, lasciò la sua città natale, Trieste, Italia, per venire all'Università del Texas a Austin, dove ha sviluppato la sua carriera. Ha pubblicato libri riguardanti manoscritti italiani e collezioni di libri rari, articoli su antichi manoscritti, autori italiani moderni, poesia dialettale e Teatro dei Pupi.

Nel 1992, il Governo italiano le ha conferito il titolo di Cavaliere nell'Ordine al Merito della Repubblica Italiana per il suo merito accademico e il suo ruolo di collegamento tra il Consolato e l'Ambasciata italiana e l'Università del Texas.

Per Maria Xenia, la traduzione del diario sulla Seconda Guerra Mondiale di Edvino Raseni non è stata soltanto un'impresa accademica, ma anche un progetto profondamente personale. Spera che, attraverso le parole di suo zio, i lettori possano ottenere un'idea di un commovente capitolo della storia e di una testimonianza di resilienza umana.

Vi invita a fare un viaggio nel tempo e a vivere le emozioni, le lotte e le speranze documentate in questo eccezionale diario.

www.ingramcontent.com/pod-product-compliance
Lightning Source LLC
Chambersburg PA
CBHW040903120626
46551CB00006B/620